EMANUEL DE MELO FERREIRA

CONTROLE DE CONSTITUCIONALIDADE E EXCEÇÃO JURÍDICA

A SUPERAÇÃO DAS REGRAS CONSTITUCIONAIS E A REALOCAÇÃO JUDICIAL DO PODER

EMANUEL DE MELO FERREIRA

Professor Assistente I da Universidade do Estado do Rio Grande do Norte (UERN – Mossoró). Mestre e doutorando em Direito (Universidade Federal do Ceará – UFC). Procurador da República.

CONTROLE DE CONSTITUCIONALIDADE E EXCEÇÃO JURÍDICA

A SUPERAÇÃO DAS REGRAS CONSTITUCIONAIS E A REALOCAÇÃO JUDICIAL DO PODER

Del Rey editora

Belo Horizonte

2019

Impresso no Brasil | Printed in Brazil
EDITORA DEL REY LTDA.

www.editoradelrey.com.br

Editor: Arnaldo Oliveira

Editor Adjunto: Ricardo A. Malheiros Fiuza
In memoriam

Diagramação / Capa: Alfstudio

Imagem / capa: "O remorso de Judas"
José Ferraz de Almeida Júnior (1880)
Museu Nacional de Belas Artes

Revisão: Alessandra Alves Valadares

EDITORA
Rua dos Goitacazes, 71 – Lojas 20 a 24
Centro - Belo Horizonte-MG
CEP 30190-909
Comercial:
Tel.: (31) 3284-3284 | 25163340
vendas@editoradelrey.com.br
Editorial:
editorial@editoradelrey.com.br

F383c

Ferreira, Emanuel de Melo
Controle de constitucionalidade e exceção jurídica: a superação das regras constitucionais e a realocação judicial do poder / Emanuel de Melo Ferreira. – Belo Horizonte: Del Rey, 2019.
xxviii, 232 p. – Inclui bibliografia.

ISBN: 978-85-384-0560-3

1. Direito constitucional 2. Controle da constitucionalidade
I. Título

CDU 340.131.5

Ficha catalográfica elaborada pela bibliotecária Meire Luciane Lorena Queiroz CRB 6/2233.

"Às tentações do golpe de Estado
não está imune o Poder Judiciário;
é essencial que a elas resista."*

* Voto do Ministro Sepúlveda Pertence. Rcl. 4.335/AC, Rel. Min. Gilmar Mendes, p. 91.

Dedico este livro à
Myrlla, minha esposa,
e à pequena Sofia, nossa filha.

Agradecimentos

Esta obra contou com a ajuda de professores e alunos até sua publicação. A Professora Doutora Juliana Diniz, minha orientadora no doutorado da UFC, fez sugestões de leitura e de aprimoramento numa versão do primeiro capítulo que merecia ser aprimorada. O Professor Doutor Hugo de Brito Machado Segundo orientou minha pesquisa sobre precedentes, no bojo de projeto de pesquisa vinculado à UNICHRISTUS, especialmente na investigação acerca da coerência jurisprudencial. O Professor Doutor Martônio Mont'Alverne Barreto Lima, coordenador do grupo de pesquisa "Constitucionalismo de 1937 e o Estado Novo: Presidência da República, Congresso Nacional e Supremo Tribunal Federal em Matéria Constitucional", na UNIFOR, o qual tive a oportunidade de integrar, orientou o texto que serviu de base para o capítulo IV. Além disso, prefaciou esta obra, tendo prontamente aceitado ao meu convite, o que muito me honrou.

O Professor Ulisses Levy Silvério Reis, amigo e coautor de texto que serviu de base para o capítulo III, gentilmente aceitou ler trechos do trabalho, mesmo assoberbado com sua tese de doutorado. Igualmente, o Professor Doutor Gustavo César Machado Cabral, atenciosamente, propôs-se a ler e comentar a obra, auxiliado na versão final do trabalho.

O amigo e Juiz Federal Ciro Benigno Porto aceitara ler e comentar a obra, honrando muito este autor, especialmente porque as ideias aqui contidas buscam ter impacto na prática judicial.

Diversos alunos contribuíram para a melhoria do texto, seja participando dos seminários nos quais foram lidos diversos capítulos do livro ou atuando de alguma forma na revisão. Especificamente em relação a estes, fica meu agradecimento aos monitores das disciplinas Sociologia Jurídica e Filosofia do Direito, José Heitor e Abner Praxedes, respectivamente.

Sumário

Prefácio

Tenho a honra de prefaciar o livro de Emanuel de Melo Ferreira, que se intitula "Controle de Constitucionalidade e exceção jurídica - A superação das regras constitucionais e a realocação judicial do poder". Como se vê, o momento institucional brasileiro não poderia ser mais oportuno à publicação de obras sobre essa temática. Especialmente essa, por força das breves razões que tentarei mostrar adiante, ressaltando que um prefácio sobre um texto de elevada qualidade como o que agora se publica ficará sempre devedor do mesmo texto e do esforço de seu Autor.

Uma das primeiras indagações que provavelmente ocorrerá a qualquer um de nós será relativa à possibilidade da superação, pelo Poder Judiciário, de seus próprios entendimentos. Como tal operação pode ser possível, ou como pode mesmo se compatibilizar com democracia e estabilidade - com as quais sonha qualquer sociedade democraticamente constituída - esta possibilidade sempre recorrente? As respostas não são simples. Num instante inicial, deve ser investigada a natureza teórica política que conduzirá a resposta, qualquer que seja seu sentido. Trata-se, antes de um questionamento dito jurídico, trata-se de uma pergunta a ser submetida à análise da filosófica política. E da filosofia política sob a luz da perspectiva democrática; o que deriva na conclusão de que ainda se está diante de uma pergunta que diz respeito à teoria da democracia, que incorporou fortemente a teoria do direito ao seu centro de pesquisas no século XX.

O Autor localiza sua preocupação de maneira clara logo nos primeiros capítulos do livro quando enfrenta os temas da exceção constitucional, com contexto para o caso brasileiro. O segundo capítulo pareceu- me "fechar" estes momentos iniciais do trabalho, na medida em que, após situar o objeto sobre o qual se debruçará, o Autor parte agora para uma localização teórica: o *overruling* das posições judiciais consolidadas, vale dizer, a possibilidade de o mesmo Poder Judiciário vir a superar a si mesmo.

Evidente que parece haver um consenso de que o transcorrer de acontecimentos e sua força concreta obrigam não somente ao Poder Judiciário, mas que sociedades inteiras mudem seus comportamentos, percepções, e sobretudo seu aparato institucional na direção daquilo que julga mais adequado. Claro que não se pode contar com uma progressividade intrínseca de tais modificações, isto é: não se pode dizer que as mudanças e alterações sempre terão um rumo positivo, de progresso para as sociedades e para os homens. Quem duvida disso, basta dar uma rápida olhada nos exemplos do nazismo e fascismo da primeira metade do século XX, ou na retomada recente de alguns elementos destes acontecimentos históricos exatamente na mesma Europa, que experimentou o modelo mais perverso da barbárie da humanidade.

Logo cedo se constata que o tratamento dispensado por Emanuel Melo Ferreira corresponde a um olhar atento sobre a complexidade do tema, uma vez que entre em cena o conhecido debate sobre o que pode oferecer o positivismo e sua relação com o tema das mudanças constitucionais. O positivismo cada vez mais ganha sua força, e não deixa dúvidas de sua necessidade para a democracia. No ano em que se comemora o centenário da Constituição de Weimar de 1919, é sempre bom lembrar que uma das principais resistências ao assalto nazista contra a democracia de Weimar, mesmo antes de 30 de janeiro de 1933, veio dos positivistas, como Hermann Heller e Hans Kelsen. O ataque sórdido de Carl Schmitt aos positivistas de que estes só defendiam a legalidade por serem judeus e que, por tal razão, necessitavam do Estado democrático de direito já que não possuíam um Estado; além da recusa de Schmitt em assinar o apoio contra a expulsão de Kelsen da Universidade de Bonn pela origem judia deste último, que o havia recomendado à Universidade, são denotativos de que a defesa do positivismo ganhou ares de defesa da própria vida.

O trabalho possui uma generosidade para comigo: quando resolve discutir o tema da mutação constitucional, ensaiada pelo Supremo Tribunal Federal no âmbito da Reclamação nº 4.335. Os amigos e intelectuais que escreveram comigo o texto publicado no sítio do Consultor Jurídico – Lenio Streck e Marcelo Cattoni – defendemos a aplicação do poder constituinte. Sem maiores digressões, procuramos reafirmar a supremacia do poder direito do povo, que se reuniu, por meio de seus representantes, em constituinte e deu ao Brasil uma nova possibilidade de construir a própria democracia. Embora suspeito, reforço que insistir na defesa das palavras do constituinte, cada vez mais significa defender a democracia que se escolheu. Afastar-se de tais palavras, sob qualquer argumento, parece-me inteiramente atentatório contra a democracia pactuada. Deve ser mencionado como o Autor trata bem deste tema no seu capítulo terceiro, com indagação referente ao *status* dos tratados de direitos humanos e aposição do STF: "A Constituição admite, automaticamente, o *status* supralegal deles, conforme decidido pelo STF no bojo do RE 466.343?". Não se tem na reflexão apresentada uma afirmação produzida a partir do mero convencimento de Emanuel Melo Ferreira, porém um racional enfrentamento da questão, que o conduz à resposta central do trabalho sobre os vícios que se encontram na atividade do Supremo Tribunal Federal e de sua realocação no âmbito do sistema de Poderes do Estado traçado pela democracia constitucional brasileira.

Para tal conclusão, não falta ao Autor a necessária coragem científica de afirmar que "há insegurança jurídica em todos os casos, pois eles promovem não meramente uma correção de resultados tidos como absurdos, mas realocam judicialmente o poder, não havendo estabilidade ou previsibilidade possível quando o Judiciário age como soberano".

Eis nossa maior deficiência atualmente para a consolidação de uma democracia constitucional, que não há mais, porque, muito diferente do que se insiste em gritar para todos os lados (as instituições estão funcionando), nossas instituições não mais funcionam. A este olhar, eu acrescentaria a seguinte digressão: o que se teve no Brasil dos últimos cinco anos foi a utilização do direito como arma política, a "mais perniciosa das armas da luta política", a bem da verdade. O Supremo Tribunal Federal, nesta segunda quinzena de abril de 2019, experimenta o amargo sabor de ter permitido o avanço do golpismo judiciário de instâncias inferiores, como a relativização de garantias fundamentais; avanço que encontra quase insuperáveis dificuldades para deter, porque exige uma coragem que o Tribunal não teve até o momento. O suporte argumentativo para que este Tribunal mantivesse a posição de inércia que até hoje manteve, como era se esperar pela advertência da história, não deu conta do que agora ocorre e do que parece ter determinação em devorar o próprio Supremo Tribunal Federal.

Esta percepção parece emergir do olhar de Emanuel Melo Ferreira. Ainda bem: nem tudo está perdido no mundo jurídico intelectual brasileiro. Esta obra que agora vem a público configura-se para todos nós numa esperança concreta de que se pode construí uma democracia constitucional, mas essa não será uma dádiva dos céus; exigirá tanto posições pessoais na vida cotidiana de cada um de nós, como, antes disso, compreensão racional de suas causas e desdobramento. O Autor fez sua parte. E da melhor maneira possível.

Ubajara, Serra da Ibiapaba, abril de 2019.

Prof. Dr. Martônio Mont'Alverne Barreto Lima

Introdução

Uma regra de competência constitucionalmente prevista pode ser excepcionada no bojo do controle judicial de constitucionalidade, realocando o poder do Executivo e do Legislativo para o Judiciário? Esta é a questão central desta pesquisa, a qual analisa como as regras constitucionais podem contribuir para a separação de poderes, ao impedir a realocação de poder por meio da atuação dos juízes, agentes que deveriam velar pelo caminho exatamente oposto. A hipótese que se busca provar é: muitas das situações ditas como judicialmente excepcionais em tais casos não se encontram devidamente justificadas, servindo para propiciar maior concentração de poder no âmbito do Judiciário. Não se nega que as intenções dos juízes, muitas vezes, são boas e honestas, agindo eles na tentativa de melhorar o sistema. A boa intenção, no entanto, pode levar à mencionada concentração de poder, com sua posterior utilização por agentes não necessariamente imbuídos da mesma boa-fé.

Para o enfrentamento de tal hipótese, deverá ser analisado: a) o papel dos princípios e das regras na argumentação jurídica, perquirindo-se se a decisão judicial atribui algum tipo de hierarquia entre eles, mesmo quando previstos no mesmo plano constitucional; b) se a decisão judicial faz incursões exclusivamente particularistas, perquirindo pelos propósitos ou justificativa da regra sem nem mesmo presumir a força desta; e c) se a superação da regra é capaz de gerar insegurança jurídica generalizada e vai de encontro aos seus fins, a partir da análise do modelo proposto por Humberto Ávila[1].

Buscou-se argumentar em torno da impossibilidade de tal prática, demonstrando-se como decisões judiciais que excepcionam tais regras não se justificam na exata medida em que contribuem para a caracterização de uma soberania judicial que pode usurpar até mesmo a competência do constituinte originário. Está em jogo, por exemplo, diversos dispositivos da Constituição Federal que dizem respeito: a) à amplitude do bloco de constitucionalidade, com a interpretação das regras acerca da internalização dos tratados de direitos humanos, tais como os arts. 47, 49, I, 84, VIII, e 102, III, "b", como enfrentado no capítulo III; b) aos limites do controle de constitucionalidade judicial preventivo, perquirindo-se, especificamente, acerca de sua constitucionalidade no tocante aos projetos de lei, atraindo a interpretação do art. 60, § 4º, como enfrentado no capítulo IV; e c) ao papel do Senado Federal no controle difuso exercido pelo STF, investigando-se se as denominadas "decisões expansivas" excepcionam a regra prevista no art. 52, X, como enfrentado no capítulo V.

O livro, assim, preocupa-se com a concentração de poder que, gradativamente, tem sido levada a cabo pelo Poder Judiciário brasileiro. Evidentemente, há diversas causas para tal fenômeno, até mesmo de ordem legislativa, ante a diversidade de emendas constitucionais e leis aprovadas que vão ao encontro de tal estado de coisas (a criação da súmula vinculante a partir da Emenda Constitucional nº 45/2004 é um exemplo significativo). Esta pesquisa, por outro lado, preocupa-se com a realocação de poder não a partir de tais inovações legislativas, mas a partir da interpretação judicial que se faz das próprias normas constitucionais.

Nessa perspectiva, a atuação judicial resta no centro das preocupações, colocando os juízes na posição de possíveis agentes dispostos

---

[1] ÁVILA, Humberto. *Teoria dos princípios – da definição à aplicação dos princípios jurídicos.* 15ª ed. São Paulo: Malheiros. 2014, p. 141-142.

a aumentar seu poder, os quais não se limitam nem mesmo diante de regras de competência, as quais perdem significativamente sua força diante de particularidades do caso concreto. As decisões particularistas, como estudadas no capítulo I, excepcionam tais regras de modo forte, com o rápido recurso aos seus propósitos ou princípios subjacentes.

Os principais referenciais teóricos utilizados preocupam-se com o papel das regras jurídicas e a importância do respeito aos parlamentos numa democracia por parte dos juízes. Herbert Hart, por exemplo, não admite qualquer forma de discricionariedade judicial se não há textura aberta presente na regra. Como a maioria das normas que conferem poder são, normalmente, formuladas como regras claras, sem imprecisões linguísticas, sua aplicação não poderia levar ao ativismo judicial, mantendo-se a alocação correta de poder, como preconizado na Constituição. A teoria de Hart, assim, não pode ser tida como algo que possibilite o estado de exceção judicial, como enfrentado no capítulo I.

Destaca-se, também, a pesquisa de Frederick Schauer em torno da respeitabilidade que o formalismo jurídico pode apresentar, mesmo numa versão a qual, mais adiante, vai se caracterizar como uma espécie de formalismo ou positivismo presumido: trata-se de uma forma de decisão judicial que atribui força presumida às regras, levando em conta seus propósitos ou princípios subjacentes, mas aplicando estes somente em face de resultados extremamente absurdos. A utilização de tal adjetivação por parte do autor será explicitada no capítulo I, consistindo nas hipóteses em que a aplicação da regra parece ir de encontro dos mencionados princípios ou propósitos a ela subjacentes. Schauer, como explicitado em tal capítulo, reconhece que sua teoria pode ser mais adequada para certas áreas do sistema jurídico, não se ocupando em definir especificamente. Este livro busca demonstrar como o terreno mais fértil para aplicação de tal teoria é no bojo do controle de constitucionalidade cujo parâmetro de controle sejam regras constitucionais de competência.

Em seguida, a teoria dos princípios de Humberto Ávila é analisada especificamente no que concerne à superabilidade das regas jurídicas em geral, tarefa que pode ser levada a cabo a partir da criação judicial de exceções. O texto vai analisar em que medida a metodologia proposta pelo autor pode ser utilizada na interpretação de regras de competência, conforme também estipulado no capítulo I, concluindo que haverá insegurança jurídica generalizada sempre que tais exceções forem criadas, com possibilidade de reiteração de decisões semelhantes pelos demais órgãos do Poder Judiciário.

O estudo dos precedentes e das condições de sua superação demandam a análise das ideias de Ronald Dworkin e Joseph Raz. Como desenvolvido no capítulo II, os autores não estão, necessariamente, em lados opostos na teorização acerca das decisões judiciais. Além disso, nos limites desta pesquisa, pode-se afirmar que a leitura moral e a teoria da integridade de Dworkin não estão em oposição em relação ao papel das regras defendido neste trabalho: como explicitado no capítulo I, Dworkin expressamente afasta qualquer possibilidade de exercício de leitura moral em face de dispositivos constitucionais elencados de modo linguisticamente claro, como se tem com as regras, nas quais o caráter descritivo de conduta ou alocativo de poder é preponderante. Ora, mesmo um não positivista como Dworkin reconhece a importância das regras e do erro em fazer leituras morais aonde não há espaço para tanto. Desse modo, se um precedente é firmado corretamente, respeitando a regra, ele possui força gravitacional capaz de vincular os casos seguintes, merecendo ser observado.

A importância que autores classificados como positivistas normativos atribuem às regras jurídicas é elevada ao nível institucional quando a doutrina de Jeremy Waldron é abordada no capítulo III, em diálogo com Martônio Mont'Alverne e Ingeborg Maus. Os preconceitos em torno da indignidade da legislação são potencializados com o controle judicial preventivo: o parlamento nem sequer encerrou a deliberação sobre determinado projeto e, mesmo assim, juízes já suspeitam da boa-fé que também deve nortear a política.

É a maximização do Judiciário como "superego" da sociedade: não se pode nem apostar na emenda, rejeição ou veto de projeto material ou formalmente inconstitucional, devendo a política ser tutelada logo na sua origem.

As críticas de Waldron, Martônio e Maus à própria viabilidade democrática do controle judicial de constitucionalidade são ferramentas poderosas para se analisar e proscrever uma forma inconstitucional de controle, como será defendido em relação aos projetos de lei. Assim, faz-se uma leitura constitucionalmente adequada de tais autores, enfocando: como a Constituição brasileira admite mecanismos fortes de controle judicial, a doutrina deles serve mais para os casos em que tal força não é constitucionalmente justificada, como no caso em que ainda está em curso o processo legislativo.

Esta obra busca desenvolver uma crítica ao ativismo judicial em face de regras de competência constitucionais a partir de cinco capítulos.

No primeiro, a inconstitucionalidade será analisada a partir da caracterização das regras e da criação judicial de exceções que visem a sua superação. A questão central do capítulo é: como elas podem ser superadas no bojo do controle judicial de constitucionalidade? Para tanto, será necessário enfrentar: a) a caracterização e compreensão das diversas funções das regras; b) a exceção jurídica e as condições de superabilidade; c) a importância das regras a partir da proposta do positivismo jurídico normativo e das críticas a determinado modelo pós-positivista idealista; e d) os modelos formalista, particularista, particularista sensível às regas e formalista ou positivista presumido de argumentação judicial. Buscando tornar a sustentação cada vez mais didática e clara, o capítulo encerra com um primeiro estudo de caso, envolvendo o papel do Advogado Geral da União no controle concentrado perante o STF, quando possíveis exceções à regra do art. 103, § 3°, da Constituição serão analisadas.

Em seguida, o capítulo segundo lança as premissas em torno da teoria dos precedentes e a metodologia adequada para o estudo dos casos efetivado nos capítulos seguintes. Argumentar contra uma regra jurídica, buscando sua superação, não é tarefa simples, como se quis demonstrar no capítulo primeiro. De modo semelhante, superar um precedente firmado a partir de regra de competência, respeitando a alocação de poder constitucionalmente posta, também não se afigura como uma empreitada fácil. Como um precedente baseado em regra de competência pode ser superado? Eis o tema central do capítulo, o qual analisa se o *overruling* que supera precedente sem qualquer alteração jurídica proveniente do legislador no bojo das regras de competência constitucionais apresenta déficits argumentativos. Foram temas enfrentados no capítulo: a) a didática caracterização dos precedentes em face de conceitos como o de jurisprudência e súmula; b) a compreensão de que os precedentes que criam regras jurisprudências são mais fortes do que aqueles formulados como princípios; e c) a função dos precedentes como enriquecedor do sistema jurídico.

O aspecto prescritivo, de crítica, contido nesta obra somente teria razão de ser se, no plano da realidade das Cortes, decisões judiciais adotassem a prática objeto de análise, qual seja, a criação não justificada de exceções às regras de competência. O aspecto descritivo, assim, não pode ser negligenciado, sendo necessário recorrer à metodologia do estudo de caso para buscar compreender com precisão a argumentação judicial em casos paradigmáticos acerca das regras de competência. É nesse contexto que os capítulos III, IV e V merecem ser lidos.

Tais capítulos analisam casos paradigmáticos no bojo do controle de constitucionalidade das regras jurídicas. Eles não são exaustivos, mas foram escolhidos de modo didático, a partir da evolução lógica dos temas centrais típicos do controle de constitucionalidade: a) a teoria geral, envolvendo os conceitos de parâmetro, objeto e bloco de constitucionalidade, justificando-se o estudo feito no capítulo III; b) os conceitos fundamentais acerca dos tipos de inconstitucionalidade (formal e material), interação entre os órgãos responsáveis pelo controle (Executivo, Legislativo e Judiciário) e as condições nas quais se afigura possível a intervenção do Judiciário no processo Legislativo, justificando a investigação efetivada no capítulo IV; e c) o controle difuso exercido pelo STF e o respeito ao papel do Senado, sendo ainda atual perquirir os limites de tal função tendo em vista fenômenos como o da "abstrativização" do controle concreto exercido pela Corte ao proferir decisões expansivas.

O que há de comum em todos esses casos a ponto de justificar seu estudo em conjunto? O fato de todos se referirem ao controle de constitucionalidade que tem como parâmetro regras constitucionais que alocam poder, ou seja, regras constitucionais de competência. Outros casos poderiam ter sido estudados, obviamente. Em menor medida, outros precedentes são enfrentados no texto de maneira mais breve e exemplificativa, como se tem, como dito, logo no capítulo primeiro em face do papel do Advogado Geral da União no controle concentrado e a consequente interpretação do art. 103, § 3º, da Constituição. Apesar de ser possível a ampliação de casos, entende-se que os estudados nesta obra são aptos a provar a tese central: não há justificativa admissível, num Estado Democrático de Direito, para que juízes criem exceções às regras constitucionais de competência, ainda mais quando isso acarretar a transferência de poder precisamente para o Judiciário. Se o Judiciário, por outro lado, adota tal prática, afasta-se do papel de guardião da Constituição, aproximando-se da figura do soberano, como retratado no capítulo I.

Mas quais as questões centrais de cada um destes três últimos capítulos?

O capítulo III, como dito, relaciona-se com o *status* dos tratados de direitos humanos no sistema jurídico brasileiro. A Constituição admite, automaticamente, o status supralegal deles, conforme decidido pelo STF no RE 466.343[2]? Será conferido especial destaque aos argumentos utilizados pela Corte para superar precedentes

---

[2] Relator Ministro César Peluso. DJE 05/06/2009.

anteriores, perquirindo: a) como a doutrina e legislação estrangeiras foram utilizadas; b) se os princípios constitucionais (arts. 4°, 5º §§ 2º, 3º e 4º da Constituição Federal de 1988) foram colocados numa posição de superioridade em face de regras igualmente constitucionais (47, 49 I, 59, VI, 84, VIII e 102, III "b") que apontariam para o *status* legal de tais tratados.

O capítulo IV, reitere-se, relaciona-se com os limites do controle de constitucionalidade judicial preventivo. A Constituição admite que o Poder Judiciário exerça controle de constitucionalidade preventivo, especificamente sobre os projetos de lei? Está em jogo a interpretação da regra contida no art. 60, § 4º, da Constituição. A decisão mais recente sobre o tema, constante no MS 32.033/13[3] será estudada, indagando se: a) a intromissão prematura do Judiciário no bojo do processo legislativo dos projetos de lei retira a responsabilidade política dos Parlamentares e do Presidente da República; b) a coerência interna na própria decisão, a qual, apesar vedar o controle preventivo material, continua admitindo tal forma de controle em face de inconstitucionalidades formais.

Finalmente, o capítulo V analisa a ainda atual questão em torno do papel do Senado Federal no bojo do controle difuso exercido pelo STF. As decisões expansivas tomadas pela Corte respeitam a competência constitucional do Senado elencada no art. 52, X? O estudo parte da decisão tomada na Reclamação nº 4.335[4], a qual admitiu que, quando a Corte assim entendesse, poderia conferir efeitos *erga omnes* à decisão de modo automático, mesmo diante de processo inicialmente subjetivo. Será investigado se: a) as diversas alterações legislativas em torno, por exemplo, da súmula vinculante ou da repercussão geral no recurso extraordinário, de fato, redimensionam o papel do Senado na função de suspensão da lei, levando à sua superação; e b) há coerência por parte da Corte na atribuição de tal

---

3 Relator Ministro Teori Zavascki. DJE 20/06/2013.

4 Relator Ministro Gilmar Ferreira Mendes. Mendes. DJE 22/10/2014.

efeito expansivo, perquirindo-se acerca das situações em que ele estará presente.

O tema da pesquisa, assim, é relevante e atual. Ela nasceu a partir da constatação de que, apesar da notável doutrina brasileira acerca da importância das regras constitucionais e da necessidade de se buscar uma maior legitimação democrática para as decisões judiciais no bojo do controle de constitucionalidade, a prática judicial ainda demonstra como os princípios constitucionais são aplicados como padrão, necessariamente, superior às regras igualmente constitucionais. Os casos estudados nesta obra buscam demonstrar isso, apontando os riscos que podem surgir com a concentração de poder. Não se trata, como será demonstrado no capítulo I, de sustentar que o direito é uma questão unicamente de regras, mas, sim, de contribuir para que estas tenham a mesma respeitabilidade que aqueles na argumentação jurídica.

I

INCONSTITUCIONALIDADE E EXCEÇÃO JURÍDICA

O tema central deste capítulo diz respeito à não aplicação de uma regra de competência ante a suposta caracterização de situação excepcional no bojo do controle de constitucionalidade. Analisa-se, assim, o papel do juiz quando este encontra-se diante da aplicação de certa regra jurídica perante a situação que ensejou sua criação, a saber, à causa relevante tida como necessária e suficiente para a atribuição de poder e, mesmo assim, afasta sua aplicação por supor a existência de uma situação excepcional. Eis o problema central, levando em conta a função de tais regras: como elas podem ser superadas no bojo do controle judicial de constitucionalidade? Está em jogo uma análise voltada especificamente para as regras de competência, as quais atribuem poder para certas instituições, tais como os Poderes Legislativo, Executivo e Judiciário.

Para a compreensão da questão relacionada à superação de regra de competência, é útil analisar como as regras em geral podem ser superadas, pois, uma vez caracterizada corretamente determinada excepcionalidade, pode-se cogitar do afastamento, por exemplo, de regras de conduta, tendo-se os princípios constitucionais como possíveis normas aptas a justificar a decisão final, especialmente diante da textura aberta de certas regras. Veja-se, por exemplo, a superação da regra de conduta que impõe o limite de velocidade quando é necessário dirigir além desse limite para salvar a vida de alguém.

Problema diverso ocorre quando, a pretexto de se estar diante de uma exceção, argumenta-se retoricamente com princípios unicamente para superar uma regra de competência cujo conteúdo não é aprazível, por qualquer motivo, ao julgador. No caso dessas últimas regras, a superação judicial delas se agrava diante da consequência de tal ato, o qual acarreta o aumento do poder dos juízes por ato jurisdicional próprio. A superação da regra contida no art. 52, X, da Constituição, que prevê a competência do Senado Federal para suspender a lei declarada inconstitucional pelo Supremo Tribunal Federal (STF), é um exemplo, como mencionado adiante e aprofundado no capítulo V.

Mas como identificar corretamente tal excepcionalidade? A indagação somente pode ser respondida a partir das considerações em torno do caráter sub e sobreinclusivo das regras jurídicas, explicitado em seguida. As regras, a fim de promover os valores segurança e eficiência no sistema jurídico, acabam por incorrer em generalizações que, em certo momento, incluem fatos em excesso e, em outros, deixam de incluir fatos relevantes[5]. Tem-se, assim, problemas típicos do raciocínio indutivo. A hipótese do texto parte dessa diferenciação: se em determinado caso não se está diante de um desses problemas ínsitos à generalização de condutas e, mesmo assim, o juiz afasta a regra, tem-se uma excepcionalidade fabricada que merece ser rechaçada, tendo em vista a exorbitância das regras de competência fixadas ao Poder Judiciário.

---

[5] SCHAUER, Frederick. *Playing by the rules. A philosophical examination of rule-based decision-making in law and in life*. Claredon Press, Oxford, 1991. Kindle edition, p. 17-20.

A hipótese objeto de análise investiga se haverá uma exceção judicialmente não justificada quando[6]: a) o julgador entende que um princípio constitucional é mais importante que uma regra igualmente constitucional, fazendo com que a regra não ofereça nenhum tipo de resistência ao julgador, não afastando suas considerações morais; b) quando o juiz inicia incursões exclusivamente particularistas em torno da justificação ou propósitos subjacentes à regra, por meio da função interpretativa dos princípios, sem levar em conta todas as possíveis normas aplicáveis ao caso, mesmo que colidentes, mas somente argumentando com base naquelas que convêm à escolha previamente tida como moralmente melhor; e c) quando a superação da regra possa gerar insegurança jurídica a partir de tal precedente, diante da possibilidade real e comprovada de criação de outras exceções de modo generalizado, a partir da análise do modelo proposto por Humberto Ávila[7]. Em seguida, retorna-se à questão central acerca da possibilidade de superação especificamente das regras de competência constitucionalmente previstas.

O objetivo ideal do controle de constitucionalidade é garantir a Constituição e, em última análise, o Estado Democrático de Direito. Alega-se que, se o Texto Magno não contasse com um instrumental capaz de assegurar suas disposições, sancionando os seus descumprimentos com a declaração de nulidade do ato impugnado, a força normativa da Constituição restaria fatalmente enfraquecida, causando flagrante desprestigio às suas disposições. Assim, da mesma forma que a Constituição contempla as clássicas garantias fundamentais como mecanismos de defesa do indivíduo ante o Poder estatal,

---

6 A partir dos casos estudados neste livro, percebe-se que as patologias descritas nas alíneas "a", "b" e "c" do parágrafo ocorrem em conjunto: princípios são utilizados para superar regras e tomar decisões particularistas, denotando que aqueles seriam mais importantes que estas, causando insegurança jurídica.

7 ÁVILA, Humberto. *Teoria dos princípios – da definição à aplicação dos princípios jurídicos.* 15ª ed. São Paulo: Malheiros, 2014, p. 141-142.

também se fazem presentes as garantias da Constituição, visando à proteção desta contra atos que lhe sejam contrários.[8]

O valor buscado a partir da proteção da Constituição nos moldes acima enunciados não pode levar o intérprete, no entanto, a olvidar a realidade constitucional, perquirindo se, na aplicação do direito, tais nobres objetivos são alcançados. Está em jogo, assim, uma análise típica da sociologia jurídica no que concerne à fundamentação das decisões judiciais quando exerce o controle de constitucionalidade. Neste capítulo, busca-se analisar em que medida as regras constitucionais podem se constituir em limite à atuação judicial, especialmente quando elas se apresentam como parâmetro de controle de constitucionalidade.

É perceptível que o controle de constitucionalidade demanda exercício de comparação, gerando conceitos de relação[9]: a constitucionalidade ou a inconstitucionalidade somente são alcançadas quando se compara um objeto de controle (lei, demais atos normativos e fatos conexos a eles relacionados, por exemplo, ao processo legislativo) com o parâmetro (Constituição). Não são somente atos normativos em si, como as leis ou emendas constitucionais, que serão objeto do controle de constitucionalidade: fatos relacionados à própria falta da lei, ou seja, uma situação de omissão, bem como fatos relacionados à própria elaboração da lei, como vícios formais no processo legislativo, são também objeto de controle de constitucionalidade. Dentre os possíveis parâmetros de controle, encontram-se as regras constitucionais, dentre elas as regras de competência. Este capítulo desenvolve um tipo de modelo formalista de fundamentação da decisão judicial quando se trata de interpretá-las.

---

8 CANOTILHO, J.J. Gomes. *Direito constitucional e teoria da constituição.* 7ª ed. Coimbra: Editora Almedina, 2003, p. 887-888.

9 MIRANDA, Jorge. *Manual de direito constitucional.* Tomo II. 2ª ed. Coimbra Editora, Limitada, 1988, p. 273-274.

1. Identificação das regras jurídicas e os problemas da sub e sobreinclusão

O estudo das regras e dos princípios jurídicos no contexto das normas jurídicas é corriqueiro na teoria do direito, especialmente com a forte influência exercida na doutrina brasileira pela obra de Robert Alexy[10] e Ronald Dworkin[11]. Assim, diversas obras já se dedicaram, por exemplo, sobre as importantes questões em torno da diferenciação e aplicação de tais espécies normativas[12].

É seguro sustentar que o Direito é composto por regras e princípios, justificando-se a manutenção da dicotomia no âmbito da teoria do Direito. O ataque desenvolvido por Dworkin a partir de uma leitura bem própria sobre o positivismo de Herbert Hart, acusando tal teoria jurídica de não admitir a existência de princípios jurídicos, encontrou forte reação, levando, anos mais tarde, ao reconhecimento, por parte do próprio Dworkin, de ter "criado uma polêmica desnecessária" com o positivismo jurídico[13].

Há diversos argumentos para o positivismo jurídico admitir a juridicidade dos princípios: a) com base da teoria de Jeremy Benthan ou John Austin está o reconhecimento não relativista de um princípio que deveria guiar a legislação, qual seja, o da utilidade, no sentido de buscar a maximização do prazer ou da felicidade da maioria[14]; b) a partir da regra de reconhecimento de Hart, um princípio poderia

---

[10] ALEXY, Robert. *Teoria dos direitos fundamentais*. Tradução de Virgílio Afonso da Silva. São Paulo: Malheiros, 2008, p. 85-99.

[11] DWORKIN, Ronald. *Levando os direitos a sério*. Tradução de Nelson Boeira. São Paulo: Martins Fontes, 2002, p. 42-43.

[12] Por exemplo: SILVA, Virgílio Afonso. *Direitos fundamentais – conteúdo essencial, restrições e eficácia*. 2ª ed. São Paulo: Malheiros. 2014, p. 44-51.

[13] DWORKIN, Ronald. *A justiça de toga*. Tradução de Jefferson Luiz Camargo. São Paulo: Martins Fontes, 2010, p. 315-341.

[14] NINO, Carlos Santiago. *Introdução à análise do direito*. Tradução de Elza Maria Gasparotto. São Paulo: Martins Fontes, 2015, p. 35-36.

ser reconhecido se assim tal norma secundária autorizasse aos seus intérpretes oficiais, como o legislador ou o juiz[15]; e c) para Raz, interpretando as regras formuladas por Hart, tem-se que a amplitude com que elas são tratadas demonstram como sua leitura mais se assemelha ao de padrão jurídico, podendo, assim, albergar o que Dworkin denomina como princípios[16]. Essa breve resenha serve para demonstrar, assim, que se nem mesmo os positivistas negam a possibilidade da existência de princípios, para além das regras jurídicas, tem-se como justificada a importância atribuída à dicotomia, pois, realmente, as normas podem apresentar-se como regras ou princípios.

Dados da realidade constitucional, além disso, apontam para a dificuldade em se conceber sistemas jurídicos baseados unicamente em regras, tendo em vista a hipercomplexidade e pluralidade de valores vivenciados na sociedade moderna. Com a positivação dos princípios do direito natural, a metafísica deixa de atuar como critério determinante de condutas, como aponta Marcelo Neves[17].

É importante ter em mente que as regras jurídicas, como os princípios, não podem ser confundidas com o texto normativo o qual, após processo interpretativo exercido em certo contexto, dar-lhes-ão origem. Friedrich Muller já chamou atenção para o caráter construtivo da interpretação, que, a partir de certo texto normativo, produzirá a respectiva norma jurídica[18]. Tal norma, como esclarece Humberto Ávila, pode ser uma regra ou princípio, dependendo do contexto, não sendo precisa, portanto, a caracterização da norma, simplesmente,

---

15 HART, H. L. A. *O conceito de Direito*. Tradução de Antônio de Oliveira Sette-Câmara. São Paulo: Martins Fontes, 2012, p. 340-346.

16 RAZ, Joseph. *Legal principles and limits of law*. The Yale Law Journal, vol. 81, n. 05, 1972, p. 845.

17 NEVES, Marcelo. *Entre hidra e Hércules. Princípios e regras constitucionais*. São Paulo: Martins Fontes, 2013, p. 117.

18 MÜLLER, Friedrich. *Metodologia do direito constitucional*. Tradução de Peter Naumann. 4ª ed. São Paulo: Revista dos Tribunais, 2010, p. 54-57.

a partir dos elementos linguísticos contidos no texto[19]. Os cuidados com essa afirmação, cuja má interpretação poderia acarretar decisionismos judiciais a partir da total desconsideração do texto, não são ignorados pelo autor. Nesse sentido, aponta que o intérprete não pode "caprichosamente, optar entre aplicar determinado dispositivo como regra, princípio ou postulado", sustentando que:

> Quando o caráter descritivo de determinado comportamento for privilegiado pelo legislador, o intérprete está diante de uma regra que, como tal, deve ser aplicada, mediante um exame de correspondência entre a construção conceitual dos fatos e a construção conceitual da norma e da finalidade que lhe dá suporte, como se sustenta nesta obra[20].

Assim, para Humberto Ávila, um mesmo texto normativo pode gerar um princípio ou uma regra, dependendo do contexto ou da situação em que é invocado. O que não se pode cogitar é que, numa mesma situação, o mesmo texto seja utilizado para justificar uma argumentação com base em regras e em princípios, pois o intérprete não tem essa liberdade.[21] O trecho acima, além disso, já esclarece como uma regra pode ser identificada, servindo de base para toda a

---

19 ÁVILA, Humberto. *Teoria dos princípios – da definição à aplicação dos princípios jurídicos*. 15ª ed. São Paulo: Malheiros. 2014, p. 47-52.

20 Idem, p, 64.

21 O exemplo elencado por Humberto Ávila diz respeito à legalidade tributária: a determinação constitucional em torno da necessidade de lei para cobrança de tributo pode ser considerada uma regra, não se admitindo, por exemplo, a cobrança de tributos por atos infralegais. Como um princípio, por outro lado, estaria relacionada ao planejamento tributário do contribuinte, o qual terá mais segurança a partir da expectativa de que somente a lei lhe possa impor nova tributação. Na mesma situação, assim, um mesmo texto não pode ser utilizado para justificar a aplicação de um princípio e de uma regra, escolhida, como o autor aponta, de modo caprichoso: se prevalece o elemento descritivo, trata-se de uma regra e se prevalece o elemento finalístico, trata-se de um princípio. Idem, p. 64.

investigação proposta neste livro: quando o aspecto descritivo estiver realçado, estar-se-á diante de regra. A descrição pode se referir às condutas, como no caso das regras de trânsito, ou à atribuição de poder, como nos casos de regras de competência multicitadas nesta pesquisa.

O presente capítulo não tem por objetivo retomar toda a distinção entre regras e princípios, sendo necessário dela colher, somente, considerações conceituais mínimas para se compreender a diferenciação entre tais tipos de normas. Tal breve empreitada servirá com condição de possibilidade para a correta compreensão do objeto deste texto: as regras, como proposições jurídicas imediatamente descritivas e com pretensão de decidibilidade imediata[22] não podem ser consideradas inferiores aos princípios, os quais, como mandamentos finalísticos que buscam concretizar determinado estado de coisas[23], possuem eficácia capaz de interpretar as regras, auxiliando o intérprete na identificação de situações excepcionais. Essas situações podem ocorrer dado o caráter sub e sobreinclusivo das regras, demandando-se a compreensão da generalização como instrumento para criação delas.

As regras são fruto de um processo de generalização indutiva[24]: a partir da observação de determinado evento, busca-se elencar uma causa relevante para se generalizar uma determinada prescrição. O

---

22 Idem, p. 128.

23 Idem, p. 122.

24 Para Chalmers o indutivismo consiste em postura ingênua: "De acordo com o indutivista ingênuo, a ciência começa com a observação. O observador científico deve ter órgãos sensitivos normais e inalterados e deve registrar fielmente o que puder ver, ouvir, etc. em relação ao que está observando, e deve fazê-lo sem preconceitos. Afirmações a respeito do estado do mundo, ou de alguma parte dele, podem ser justificadas ou estabelecidas como verdadeiras de maneira direta pelo uso dos sentidos do observador não preconceituoso. As afirmações a que se chega (vou chamá-las de proposições de observação) formam então a base a partir da qual as leis e as teorias que constituem o conhecimento científico devem ser derivadas". A ingenuidade da postura, no âmbito jurídico, será demonstrada adiante, quando estudado os fenômenos da sub e sobreinclusão. CHALMERS, A. F. *O que é ciência afinal?* Editora Brasiliense, 1993, p. 25-26.

exemplo sempre lembrado por Frederick Schauer refere-se à norma que proíbe a entrada de cachorro em restaurante, tendo em vista que, certa vez, tal tipo de animal causara desordem no ambiente[25].

Nesse sentido, Noel Struchiner[26], interpretando a obra de Schauer, aponta que a construção "é proibida a entrada de cachorros", como regra prescritiva[27], apresenta dois elementos: um antecedente ou predicado fático e um consequente ou operador deôntico. O predicado fático é uma hipótese a ser verificada no mundo dos fatos e, uma vez ocorrendo, desencadeia a aplicação do consequente, com a permissão, autorização ou, no caso, a proibição de determinada conduta.

A generalização lida com a probabilidade[28]: como certa vez um cachorro causou transtorno no restaurante, é possível que isso ocorra novamente, devendo-se proibir a entrada deles. Como um fato bruto, a regra tem a pretensão de exercer pressão sobre seu destinatário: se não fosse a regra, a conduta seria outra[29]. Ocorre que, a pretexto de regular uma conduta, as regras acabam deixando de regular fatos igualmente importantes para o alcance da sua finalidade ou, por outro lado, acabam regulando condutas em excesso, as quais,

---

25 SCHAUER, Frederick. *Playing by the rules. A philosophical examination of rule-based decision-making in law and in life.* Claredon Press, Oxford, 1991. Kindle edition, p. 23.

26 STRUCHINER, Noel. *Os positivismos de Frederick Schauer.* In: *O positivismo jurídico no século XXI.* TORRANO, Bruno; OMNATI, José Emílio Medauar (Coord.). Rio de Janeiro: Lumen Juris, 2018, p. 191.

27 Schauer contrapõe as regras prescritivas, que determinam que algo deve acontecer, das regras descritivas, as quais apontam como certo que algo ocorrerá, tendo em vista tratarem das coisas da natureza. SCHAUER, Frederick. Ob. cit., p. 24-27.

28 Idem, p. 27.

29 Idem, p. 1-3.

de modo algum, ofenderiam a finalidade protegida. As regras, assim, são sub e sobre inclusivas[30].

Imagine-se o cachorro que é bem treinado, como um cão guia para pessoas cegas. É certo que ele é um cachorro, mas, por outro lado, não vai causar transtornos aos clientes. Nesse caso, a regra proibitiva é sobreinclusiva, pois proscreve em excesso. Por outro lado, imagine-se crianças barulhentas, adultos bêbados ou outros tipos de animais, como gatos ariscos: em todas essas hipóteses, a tranquilidade dos clientes restaria ofendida, mas não se poderia dizer que, textualmente, a norma incide. Afinal, bebês barulhentos, adultos que beberam em excesso ou gatos ariscos não são cachorros. A regra, assim, também poderia ser subinclusiva.

O caráter sub e sobreinclusivo da regra é o ponto de partida para as considerações em torno das situações excepcionais e como o juiz deve lidar com elas, como será abordado nos pontos seguintes.

2. A superabilidade das regras

As hipóteses de sub e sobreinclusão das regras apontam para fatos não albergados pela norma, pelo menos num primeiro momento, levando em conta a causa que ensejou sua criação. Elas caracterizam, assim, exceções à regra, fenômeno que merece ser estudado para que, a partir de sua caracterização, busque-se algum critério para analisar a racionalidade da decisão judicial que pretende reconhecê-lo.

O estudo da exceção jurídica, tal qual o das regras, relaciona-se com a alocação de poder num dado sistema jurídico e, compreendendo-se o poder de excepcionar com o poder de, na prática, alterar uma regra, tem-se como importantíssimo para o direito a teorização e compreensão do fenômeno das exceções[31].

---

30 Idem, p. 30-34.

31 SCHAUER, Frederick. *Exceptions*. The university of Chicago law review. Vol. 58, nº 2, 1991, p. 872-873.

Na teoria dos princípios, a exceção já foi analisada pela doutrina como uma maneira de se evitar uma antinomia ou conflito de regras: se uma mesma conduta é regulada por normas com conteúdo oposto, para se evitar a invalidade de uma delas, basta estabelecer uma cláusula de exceção[32]. O problema ganha contornos mais complexos quando não há uma exceção expressa, positivada, sendo este o tipo de exceção que importa para a presente pesquisa.

Frederick Schauer aponta como a exceção no direito é pouco aprofundada pelos estudiosos, constituindo um "tópico invisível na teoria jurídica" relacionado à linguagem no sentido de que esta, muitas vezes, pode ser mais ampla que as metas pretendidas pela regra ou princípio. Assim, a exceção seria o produto da relação entre os objetivos das normas jurídicas e a linguagem por meio da qual elas são escritas[33].

A relação entre mudanças profundas no direito e o uso progressivo das exceções pode ser um sintoma de uma patologia: o descompasso entre o direito e a realidade social. Nesse sentido, esclarece Schauer:

> O uso de uma exceção é um sinal que o direito e a sociedade na qual ele destina não estão em harmonia. Se isso é uma coisa boa ou ruim depende especialmente do particular contexto substantivo, mas é sabido que aqueles que utilizam ou impulsionam o que agora é visto como uma exceção são aqueles que apregoam mudança no *status quo*, enquanto aqueles que se manifestam contra as exceções são aqueles para quem as estruturas linguísticas e conceituais existentes na sociedade refletem o mundo como eles desejam que ele seja[34].

---

32 ALEXY, Robert. Ob. cit., p. 92-93.

33 SCHAUER, Frederick. *Exceptions*. The university of Chicago law review. Vol. 58, nº 2, 1991, p. 872.

34 SCHAUER, Frederick. *Exceptions*. The university of Chicago law review. Vol. 58, nº 2, 1991, p. 893.

A generalização envolvida no processo de criação da regra partiu de um caso concreto, um fato. Esse fato foi valorado negativamente pela autoridade, a ponto de criar uma proibição, na esperança de que o comportamento indesejado não se repetisse. Essa valoração aponta para a finalidade ou justificação da regra criada, cuja determinação é importante para se estabelecer com precisão quando a regra deve ou não incidir.

Ocorre que estabelecer com precisão a justificação ou a finalidade de uma regra nem sempre é tarefa das mais simples e, muito menos, algo evidente. No exemplo citado acima, a justificativa apontada para a proibição parece ser clara no sentido de evitar transtornos para os demais clientes, tendo em vista o mau comportamento que, certa vez, um cachorro causou. Schauer, no entanto, esclarece que essa seria uma justificação de primeira ordem, não se podendo olvidar de outras, dela derivada, como, por exemplo, a busca pela ampliação do lucro do dono do estabelecimento[35]. Afinal, com mais clientes satisfeitos, maior seria a procura ao restaurante. Qual a justificação da regra, então: o conforto dos clientes ou a maximização dos lucros do empresário? Os princípios desempenham papel fundamental na busca pela fundamentação adequada das regras jurídicas, mas essa investigação não evita conflitos mesmo entre as possíveis a justificações subjacentes à regra.

Schauer esclarece essa possibilidade também a partir do famoso exemplo utilizado no debate entre Hart e Fuller em torno da regra "não é permito veículos no parque"[36]. Quais as justificativas para tal regra? Seria possível pensar na busca por tranquilidade e paz entre os usuários do parque, afetada pelo barulho dos veículos, mas

---

[35] SCHAUER, Frederick. *Playing by the rules. A philosophical examination of rule-based decision-making in law and in life*. Claredon Press, Oxford, 1991. Kindle edition, p. 73-75.

[36] SCHAUER, Frederick. *Formalism*. The Yale Law Journal. Vol. 97, nº 4, mar. 1988, p. 533-534.

também seria possível cogitar acerca da necessidade de preservação do meio ambiente, evitando-se a poluição. Nesse sentido e adaptando do exemplo, imagine-se a situação de um carro movido a eletricidade: ele ainda faz barulho quando ligado, atraindo a proscrição determinada pela primeira justificação apontada, mas, por outro lado, não polui o meio ambiente, eis que não emite gás carbônico, indo ao encontro, portanto, da segunda justificação.

Dependendo de qual seja a justificação mais adequada para o caso, o resultado será, necessariamente, diferente. O ponto a ser ressaltado com essa digressão é que o recurso à justificativa por trás da regra, por si só, não garante a superação de eventuais absurdos ou conflitos, os quais podem continuar existindo entre os propósitos da regra. Logo, a regra em si merece ser levada mais a sério e não simplesmente desconsiderada, como modelos particularistas de decisão, adiante estudados, o fazem. Ora, se o recurso aos propósitos, justificação ou princípios subjacentes à regra, apesar de importante, não é suficiente, tem-se como um indício em torno das exceções não justificadas a decisão que procede exclusivamente dessa forma. Trata-se de modelo particularista de decisão.

Como já mencionado, os princípios são normas que não descrevem condutas ou atribuem competência, pois apresentam mais claramente um aspecto finalístico: buscam promover um estado de coisas sem a estipulação de meios rígidos para tanto. É a partir dessa compreensão que os princípios cumprirão diversas funções[37] no sistema jurídico, destacando-se, no que mais interessa para esta pesquisa, a função de interpretação das demais normais, dentre elas as regras.

Essa função interpretativa busca auxiliar o intérprete na atribuição de sentido à regra, especialmente quando esta apresenta textura aberta, identificando-lhe os propósitos ou justificativa. A compreensão defendida neste trabalho, assim, não se contenta com a caracterização dos princípios como padrão normativo necessariamente

---

37 ÁVILA, Humberto. Ob. cit., p. 119-125.

superior às regras: estando ambos no mesmo plano constitucional, não há razão para se cogitar alguma hierarquia. Além disso, os princípios não podem ser compreendidos, unicamente, a partir de sua aplicação pela ponderação, destacando-se o caráter conflitivo deles entre si: ora, uma das funções dos princípios corresponde ao seu caráter interpretativo, não havendo qualquer conflito ou ponderação nestes casos.

Por exemplo: para definir o sentido da expressão "entidades de classe de âmbito nacional", no contexto da regra que prevê os legitimados para propositura das ações de controle concentrado, o intérprete pode recorrer ao princípio da inafastabilidade do controle jurisdicional, o qual determinada a mais ampla abertura possível à jurisdição, facilitando ao acesso à justiça. Assim, uma interpretação que buscasse limitar as entidades de classe somente às entidades profissionais, como fez o STF[38], seria equivocada: há entidades de classe não profissionais e o constituinte, ao não fazer a restrição efetivada pela Corte, foi ao encontro dos princípios constitucionais.

Humberto Ávila apresenta modelo para se estabelecer quando uma regra pode ser superada. Ele aponta que tal modelo é bidimensional, pois leva em conta aspectos materiais, com o preenchimento de certas condições de conteúdo, e procedimentais, com a observância de requisitos de forma[39]. Assim, para que se justificasse a superação de uma regra num determinado caso concreto, a operação envolvida: a) não poderia ir de encontro à finalidade subjacente à regra, sendo este o aspecto material; e b) não poderia gerar insegurança jurídica a partir da possível multiplicação de julgados afastando a regra em situações semelhantes. O caso, assim, deveria ser único, realmente excepcional, de modo que, somente diante das

---

38 ADI 894. Rel. Ministro Nery da Silveira. 18/11/1993.

39 ÁVILA, Humberto. Ob. cit., p. 141.

condições especificamente nele dispostas, poderia ocorrer a superação da regra[40].

Em se tratando de regras de conduta, pode-se admitir que tal método aponte para possibilidade de superação, diante das circunstâncias do caso concreto, como abordado por ele. Quando se está diante de regras de competência constitucionalmente previstas, por outro lado, é difícil imaginar alguma situação em que, com a superação de tal regra, não tenha, necessariamente: a) a ofensa aos propósitos ínsitos à separação de poderes, relacionados à alocação de poder capaz de prevenir o surgimento de instâncias soberanas, mesmo no Poder Judiciário; e b) a promoção de insegurança jurídica, não se podendo prever quando o Judiciário usurpará a competência do constituinte. Essa insegurança será demonstrada, por exemplo, nos capítulos III, IV e V.

3. Controle judicial e as falsas exceções – levando a eficácia de trincheira das regras a sério

Como dito anteriormente, a hipótese objeto de análise supõe que haverá uma exceção judicialmente não justificada quando: a) o julgador entende que um princípio constitucional é mais importante que uma regra igualmente constitucional, fazendo com que a regra não ofereça nenhum tipo de resistência ao julgador, não afastando suas considerações morais; b) quando o juiz inicia incursões exclusivamente particularistas em torno da justificação ou propósitos

---

[40] O exemplo por ele citado diz respeito à certa regra tributária que prevê a inclusão de contribuinte em programa de benefício fiscal se este não for importador. Em determinada situação, uma pequena fábrica importa quatro pés de sofás, uma única vez. Tem-se o predicado fático da regra, mas é correto que este não incida e ela seja superada: tal fato isolado não vai de encontro ao propósito subjacente à regra, qual seja, promover a produção nacional das pequenas empresas, pois, ao invés disso, garante tal finalidade e, além disso, não haverá risco à segurança jurídica, sendo difícil supor uma relevante multiplicação de demandas diante de situação tão específica. Ob. cit., p. 142.

subjacentes à regra, por meio da função interpretativa dos princípios, não levando em conta todas as possíveis normas aplicáveis ao caso, mesmo que colidentes, mas somente argumentando com base naquelas que convém à escolha previamente tida como moralmente melhor; e c) quando a superação da regra possa gerar insegurança jurídica a partir de tal precedente, diante da possibilidade real e comprovada de criação de outras exceções de modo generalizado, a partir da análise do modelo proposto por Humberto Ávila[41]. Se tal postura é adotada pelo juiz na interpretação de regras, buscando afastá-las partindo dessas premissas, tem-se uma exceção não justificada e, portanto, arbitrária e inconstitucional.

A argumentação jurídica é uma forma de raciocínio específica para quem aplica o direito, como advogados ou juízes. Sua marca característica está relacionada à tomada de decisões que, muitas vezes, não são as melhores, segundo o juízo dos seus aplicadores, mas, mesmo assim, devem ser tomadas em face da norma jurídica. Pode-se não concordar com o limite de 60km/h, no sentido de que tal norma não representa a melhor regulamentação para a situação, afinal, pode não haver trânsito e o motorista ser alguém extremamente habilidoso, mas, mesmo assim, a multa merece ser aplicada a quem transgredir tal disposição. É nisso que consiste "pensar como um jurista", como diria Schauer:

> Quando compreendemos que estas formas comuns de raciocínio e tomada de decisão são, no entanto, de certo modo peculiares – no sentido de que elas, normalmente, ditam resultados diferentes daqueles que a autoridade decisória escolheria – podemos entender também a presença substancial dessas formas de raciocínio no sistema jurídico – mais substancial, proporcionalmente, do que na totalidade das decisões que tomamos em nossas vidas – provendo-se a fundamentação para uma reivindicação plausível acerca de que, realmente, existe algo como a

41 ÁVILA, Humberto. Ob. cit., p. 141-142.

> argumentação jurídica. Se essas formas de algum modo contraintuitivas de raciocínio – formas de raciocínio as quais normalmente levam aos resultados diferentes daqueles que seriam vistos como os melhores, considerando-se todas as questões envolvidas no caso em tela – são dominantes no direito mas, de algum modo, excepcionais em outras áreas, então poderemos concluir que há algo denominado argumentação jurídica, que há algo que podemos rotular como 'pensar como um jurista', e que há, consequentemente, algo que é vitalmente importante que advogados e juízes saibam como fazer, devendo as faculdades ensinar aos seus estudantes[42].

As regras, nessa empreitada, apresentam papel fundamental para a caracterização da argumentação jurídica, pois buscam limitar a discricionariedade judicial impondo tomada de decisões que afastem a moral do julgador[43], eis que aquele padrão jurídico já assenta uma escolha moral efetivada por quem tem legitimidade para tanto, a saber, o constituinte originário, no caso das regras constitucionais.

---

[42] SCHAUER, Frederick. *Thinking like a lawyer.* Cambridge, Massachusetts: Harvard University Press, 2009. Kindle editon. Posição 150. No original: "Once we understand that these admittedly common forms of reasoning and decision-making are nevertheless somewhat peculiar-that they often dictate outcomes other than those the decision-maker would otherwise wise have chosen-we can understand as well that the substantial presence of these forms of reasoning in the legal system-more substantial, proportionately, than in the totality of our decision-making lives-can provide the foundation for a plausible claim that there is such a thing as legal reasoning. If these somewhat counterintuitive forms of reasoning-forms forms of reasoning that often lead to results other than what would otherwise seem to be the best all-things-considered outcome for the case at hand-are dominant in law but somewhat more exceptional elsewhere, then we might be able to conclude that there is such a thing as legal reasoning, that there is something we might label "thinking like a lawyer," and that there is accordingly something that it is vitally important that lawyers and judges know how to do well and that law schools must teach their students"

[43] ALEXANDER, Larry; SHERWIN, Emily. *The rule of rules.* Durham, London: Duke University Press, 2001, p. 4.

Elas funcionam, assim, como uma espécie de bloqueio[44]: o julgador pode até ter a convicção de que há razões melhores para afastar a aplicação da regra. Se tais razões não são jurídicas, entretanto, as regras funcionam como bloqueio para as preferências pessoais do julgador, consistindo na própria razão de decidir da autoridade. As regras, assim, apresentam papel fundamental nas considerações acerca da possível relação entre direito e moral, como estudado pelas diversas correntes do positivismo jurídico, dentre elas o positivismo normativo, adiante elencado.

Não há norma alguma que estabeleça hierarquia entre regra e princípio, ainda mais quando ambas provêm do mesmo texto constitucional. Assim, a desobediência à regra em prol de algum princípio não pode ser encarada como algo de menor importância, especialmente, repita-se, quando está em jogo normas da mesma hierarquia constitucional. Como assevera Humberto Ávila, é ainda mais grave a desobediência à regra constitucional em face dos princípios, pois aquelas descrevem com mais clareza seu conteúdo, fazendo com que os juízes tenham mais certeza acerca da conduta que devem tomar[45]. É dessa clareza típica do caráter descritivo da regra que decorre uma de suas mais importantes funções: a função eficacial de trincheira:

> A expressão 'trincheira' bem revela o obstáculo que as regras criam para sua superação, bem maior do que aquele criado por um princípio. Esse é o motivo pelo qual, se houver um conflito real entre um princípio e uma regra do mesmo nível hierárquico, deverá prevalecer a regra e, não, o princípio, dada a função decisiva que qualifica a primeira. A regra consiste numa espécie de decisão parlamentar

[44] SCHAUER, Frederick. *Formalism*. The Yale Law Journal. Vol. 97, nº 4. Mar. 1988, p. 543.

[45] ÁVILA, Humberto. Ob. cit., 2014.

> preliminar acerca de um conflito de interesses e, por isso mesmo, deve prevalecer em caso de conflito com uma norma imediatamente complementar, com é o caso dos princípios[46].

As regras, ainda, contêm valores importantes para o Estado de Direito, tais como segurança, previsibilidade e eficiência, contribuindo, ainda, para a diminuição da discricionariedade judicial a partir do momento em que elas assentam polêmicos temas morais, buscando estabilizá-los, evitando que, a todo momento, essas questões sejam reabertas. As regras, assim, funcionam como razões autoritativas[47], ou seja, como padrões que determinam um resultado independentemente da opinião pessoal do julgador. Não se pode cogitar que o Direito apresente somente casos difíceis, solucionáveis por meio de complexa aplicação de princípios, pois há um conteúdo de linguagem mínimo nos textos que veiculam regras jurídicas capaz de resolver os casos fáceis[48]. Sendo assim, a desconsideração desse conteúdo semântico mínimo das regras é a porta de entrada para criação de casos difíceis meramente artificiais.

A presente sustentação não limita o direito à norma jurídica, olvidando-se do aspecto valorativo e fático típico do tridimensionalismo jurídico[49]. O direito não pode ser estudado como dogma fático, valorativo ou normativo, pois tais âmbitos estão conectados na juridicidade[50]. A norma jurídica reporta-se a fatos, os quais foram valorados para criação da norma e serão novamente valorados

---

[46] Idem, p. 129.

[47] RAZ, Joseph. *Razão prática e normas*. Tradução: José Garcez Ghirardi. Rio de Janeiro: Elsevier, 2010, p. 40.

[48] SCHAUER, Frederick. *Easy cases*. 58 S. Cal. L. Rev. 399 (1985), p. 406; 416.

[49] REALE, Miguel. *Teoria tridimensional do direito*. 5ª ed. São Paulo: Saraiva, 2014, p. 57.

[50] MARQUES NETO, Agostinho Ramalho. *A ciência do direito. Conceito, objeto, método*. 2ª ed. Rio de Janeiro, São Paulo: Renovar, 2001, p. 179.

quando da aplicação da norma, num trabalho de reconstrução de significado[51].

Reconhecer a dimensão valorativa e fática do direito, por outro lado, não pode levar a proscrição da norma jurídica, como se, numa espécie de relação hierárquica, ela estivesse em nível abaixo daqueles dois âmbitos. Como ressaltado anteriormente, o próprio texto normativo já vai apresentar um limite linguístico mínimo para as análises valorativas e fáticas. A expressão "casa", adotada no art. 5º, XI, da Constituição, não pode ser interpretada como "bairro", por meio de recurso interpretativo que admitiria, por exemplo, mandados de busca e apreensão coletivos, os quais não discriminariam especificamente o endereço objeto da medida. Assim, a argumentação jurídica busca aplicar a norma jurídica ao caso, sendo que aquela, por sua vez, encontra sim limites no texto constitucional. A admissão de uma pretensa hierarquia dos valores e fatos sobre a norma faria com que esta sempre pudesse ser facilmente superada.

4. O pós-positivismo idealista e o desprezo às regras constitucionais – o recurso aos princípios como instrumento de exceção

Este livro, reitere-se, criticará justamente a postura pós-positivista que admite a possibilidade de juízes alterarem as regras constitucionais a seu bel prazer, mesmo quando se está diante de direitos fundamentais individuais, a partir de expedientes como a transformação de regras constitucionais em princípios jurídicos unicamente para, através de ponderação, alterar uma norma jurídica legitimamente posta pelo constituinte originário.

É seguindo essa linha de raciocínio que se pode lançar uma crítica às variadas práticas do denominado neoconstitucionalismo. Segundo síntese precisa de Humberto Ávila, as marcas centrais de

---

51 ÁVILA, Humberto. Ob. cit., 2014, p. 53.

tal corrente de pensamento, a qual anda de mãos dadas com o pós-positivismo[52], são estabelecidas a parir da superação ou do barateamento: a) das regras pelos princípios; b) da subsunção pela ponderação; c) da justiça geral pela particular; e d) dos Poderes Executivo e Legislativo pelo Poder Judiciário[53]. Essas características apontam manifesta confusão entre as funções estatais executiva, legislativa e judiciárias, configurando manifestação do Estado de Exceção.[54]

Uma das decorrências dessas leituras "pós-positivistas" do texto constitucional é perceptível a partir do desprezo que o STF por vezes demonstra às interpretações mais próximas do sentido literal. O argumento, muitas vezes, utilizado pela Corte para se afastar da literalidade diz respeito às pretensas consequências absurdas que tal interpretação pode acarretar. Tem-se a tensão, assim, entre a literalidade e os propósitos da norma constitucional. Demonstrar-se-á, sobretudo nos capítulos III, IV e V, que tal argumento é equivocado, pois, muitas vezes, a evocação aos pretensos resultados absurdos não passa de estratégia para legitimar uma alteração na Constituição não admitida pelo constituinte originário. Argumentações judicias desse tipo propõem interpretações que privilegiam os princípios em detrimento das regras constitucionais, transformando casos constitucionais fáceis em casos difíceis unicamente para legitimar, a partir do uso retórico dos princípios, a realocação de poder.

---

52 O pós-positivismo a ser criticado neste texto é aquele de perfil idealista, na caracterização de Bruno Torrano, a saber, um pós-positivismo que confere ao juiz o papel de "fazer justiça" no caso concreto, conferindo poderes não jurídicos a tais autoridades. TORRANO, Bruno. *Democracia e respeito à lei. Entre positivismo jurídico e pós-positivismo.* Rio de Janeiro: Lumen Juris, 2015, p. 15.

53 ÁVILA, Humberto. *"Neoconstitucionalismo": entre a "ciência do Direito" e o "Direito da ciência".* Salvador: REDE – Revista eletrônica de Direito do Estado, nº 17, 2009, p. 1.

54 AGAMBEN, Giorgio. *Estado de exceção.* Tradução de Iraci D. Poleti. 2ª ed. São Paulo: Boitempo, 2004. Kindle edition. Posição 199 de 2202.

O texto desenvolve, assim, teses prescritivas acerca da atuação judicial. Ou seja, aponta como juízes devem interpretar o Direito no contexto específico das regras constitucionais em sede de controle de constitucionalidade. É, aliás, neste momento que se faz necessário aprofundar o estudo da vertente normativa do positivismo jurídico.

Tom Campbell assim define o positivismo jurídico normativo, também denominado, na sua construção, como positivismo ético:

> Positivismo Ético é o rótulo escolhido para identificar o tipo de teoria que se concentra nas funções éticas e nos pré-requisitos de modelos positivistas do Direito. A teoria jurídica do Positivismo Ético (daqui em diante PJE) não é uma visão analítica sobre a semântica do 'Direito' ou o sentido profundo do discurso jurídico, nem é uma teoria descritiva/explicativa sobre o melhor caminho para entender o Direito e suas funções sociais. Ao invés disso, PJE é uma teoria moral sobre o exercício do poder político o qual é visto como uma atividade que busca o controle e a coordenação, num modo moralmente defensável, da conduta de um grande número de pessoas. O foco central do PJE no interior da filosofia política é o próprio *modus operandi* do Estado como instituição principal através da qual o poder político é exercido no mundo moderno. O quadro para sua análise é a discussão sobre a forma aceitável do uso organizado do poder coletivo sobre toda a sociedade. PJE é, portanto, essencialmente uma teoria crítica (justificatória/condenatória) do estado e do processo político contemporâneo.
>
> Num breve e altamente simplificado sumário, PJE apresenta um modelo desejável de Direito de acordo com o qual é uma condição presumida de legitimidade do governo que ele funcione através da mediação de específicas

> regras capazes de serem identificadas e aplicadas pelos cidadãos e agentes públicos sem o recurso a controversos pressupostos políticos pessoais ou grupais, crenças ou compromissos.[55] (Tradução efetivada pelo autor)

Já é possível perceber, na breve apresentação lançada neste ponto, que o positivismo ético ou normativo não é uma tese descritiva do Direito, como muitas das correntes do positivismo clássico se apresentavam, de John Austin, passando por Hans Kelsen até Hebert Hart. Suas teses centrais foram lançadas por autores como Tom Campbell, Jeremy Waldron e Frederick Schauer. Partindo do trecho transcrito, é possível perceber, introdutoriamente, algumas de suas teses centrais: a) defesa do caráter normativo e não descritivo da teoria do Direito; b) necessidade de legitimação dos governos a partir da uso do poder político mediado pelas regras jurídicas, as quais apresentam um papel mais decisivo na teoria que os princípios, sem desconsiderá-los; e c) postura ética tanto dos agentes públicos

---

[55] No original: "Ethical Positivism' is the label chosen to identify the sort of theory that centres on the ethical functions and prerequisities of positivist models of law. The legal theory of Ethical Positivism (hereafter LEP) is not an analytical view about the semantics of 'law' or the deep meaning of legal discourse, nor is it a descriptive/ explanatory theory about the best way to understand law and its social functions. Rather, LEP is a moral theory about the exercise of political power which it views as the activity of seeking to control and coordinate in a morally defensible manner the conduct of large numbers of people. The particular focus of LEP within political philosophy is the proper modus operandi of the state as the main institution through which political power is exercised in the modern world. The framework for its analysis is a discussion of the acceptable form of the organised use of collective power over a whole society. LEP is thus essentially a critical (justificatory/ condemnatory) theory of the state and contemporary political process.
In brief and highly simplified summary, LEP presents an aspirational model of law according to which it is a presumptive condition of the legitimacy of governments that they function through the medium of specific rules capable of being identified and applied by citizens and officials without recourse to contentious personal or group political presuppositions, beliefs and commitments". CAMPBELL, Tom D. *The legal theory of ethical positivism*. New York: Routledge, 2016. Kindle edition. Posição 131 de 7081.

como dos cidadãos os quais devem recorrer ao Direito, por meio de tal mediação baseada em regras, para a regência de suas condutas no espaço público, não admitida, assim, a intromissão da moral individual em assuntos coletivos.

Desde já, deve-se fazer um esclarecimento semântico sobre o uso da expressão "normativo", no âmbito da teoria do Direito proposta. Seu sentido não deve ser confundido com o do positivismo que identifica o Direito com normas, ao invés de fatos brutos como poder, comando e sanções. Nesse sentido, seria "normativo" o positivismo de Hart e Kelsen[56], quando, para o que interessa nesta pesquisa, é a consideração dessas correntes como expressões do positivismo descritivo. Para evitar essa possível confusão, Tom Campbell prefere a expressão "positivismo ético" ao invés de "normativo", sustentando que a expressão "ético" deve compreender um sistema de razões morais de segunda ordem, prevendo papéis institucionais a serem efetivados por parte de todos os participantes da vida social, como juízes, advogados, policiais e os próprios cidadãos. Nesse sentido ético, a moral no campo institucional seria distinta da moral pessoal, devendo tais atores subjugar sua moral individual acerca do que seria o "bom Direito" em favor de um compromisso moral em obedecer ao Direito formalmente "bom".[57]

Waldron, por sua vez, prefere a expressão "normativo", entendendo que o termo "ético" pode conotar padrões de valoração da conduta pessoal, ao invés de compor padrões normativos para avaliar instituições[58]. A preferência nesta pesquisa também recairá sobre o termo positivismo normativo, entendido o aspecto normativo como uma prescrição que propõe como o sistema jurídico

---

56 WALDRON, Jeremy. Normative (or ethical) positivism. In: *Hart's postscript. Essays on the postscript to the concept of Law.* Oxford: Oxford University Press, 2005, p. 8013.

57 CAMPBELL, Tom D. Ob. cit., p. 175.

58 WALDRON, Jeremy. Ob. cit., p. 8029.

deveria ser.[59] E o que prescreve o positivismo normativo? Waldron esclarece: o positivismo normativo vai estipular que juízes devem decidir casos sem referência à moral. Ou seja, o positivismo normativo prescreve o positivismo excludente[60].

A leitura proposta nesta pesquisa acerca de diversos dispositivos da Constituição, tais como a separação de poderes, soberania popular ou mesmo o regime democrático, no sentido de limitar a atuação judicial, demanda o redimensionamento do Poder Judiciário totalmente compatível com as ideias do positivismo jurídico normativo. Nesse sentido, é necessário que juízes interpretem e apliquem as leis como cuidadosas formulações que apresentam escolhas políticas controversas, definidas e decididas no âmbito do devido processo legislativo. Logo, as cortes não podem se converter em "simples arenas para a determinação de um resultado que os participantes considerem social ou economicamente desejáveis"[61].

Para alcançar esse fim, o papel das regras é essencial, pois têm maior possibilidade de apresentar clareza, especificidade e consistência[62], quando comparada aos princípios. Evidentemente, estes se fazem presentes na interpretação de diversos textos normativos, especialmente presentes na Constituição, mas a tese a ser combatida com a contraposição entre regras e princípios é a de que estes, muitas vezes, são utilizados, independentemente do conteúdo das regras vigentes, com a finalidade de "fazer justiça" de acordo com a moral do julgador. Dimitri Dimoulis aponta este inaceitável uso

---

59 WALDRON, Jeremy. Ob. cit., p. 8029.

60 WALDRON, Jeremy. Ob. cit., p. 8063.

61 No original: "Law courts should not be simply arenas for the determination of an outcome that the participants deem socially or economically desirable". CAMPBELL, Tom D. Ob. cit. Posição 252.

62 Características apontadas por Tom Campbell não para opor as regras aos princípios, já que considera aquelas como "a melhor expressão de uma decisão baseada em princípios" ("the best expression of principled decision making"). Ob. cit., p. 236.

dos princípios, sendo a "finalidade política do pós-positivismo que indica seu caráter problemático"[63].

Neste ponto, as considerações em torno da legitimidade do controle judicial de constitucionalidade não podem ser negligenciadas. Como se sabe, tal controle consiste numa forma de garantia da Constituição, já que, sendo esta dotada de rigidez e supremacia, ocupa posição superior às demais espécies normativas no ordenamento jurídico, devendo ser protegida contra investidas de normas inferiores que contra ela atentem. Há diversos modelos de controle, concentrando-se este texto naquele exercido pelo Poder Judiciário.

Em sistemas jurídicos como o brasileiro, no qual a própria Constituição admite expressamente diversos mecanismos de controle judicial de constitucionalidade, não há sentido, no plano da descrição constitucional, em questionar a legitimidade da escolha do constituinte originário. O que se pode questionar, no entanto, é a extensão e os limites da atuação concreta dos juízes, ainda mais tendo em vista que o modelo brasileiro alberga um controle forte de constitucionalidade, no sentido proposto por Jeremy Waldron[64], pois a declaração de inconstitucionalidade, além de vinculante para as partes, pode acarretar a retirada da norma jurídica do ordenamento jurídico até mesmo com efeitos retroativos.

É uma tarefa muito séria, assim, o exercício do controle de constitucionalidade, pois a interpretação dada por juízes à norma constitucional pode ocasionar verdadeira usurpação do poder constituinte

---

63 DIMOULIS, Dimitri. *Positivismo jurídico. Introdução a uma teoria do Direito e defesa do pragmatismo jurídico-político.* São Paulo: Método, 2006, p. 62.

64 WALDRON, Jeremy. *A essência da oposição ao Judicial Review.* In.: Coleção ANPR de Direito e democracia. Antônio Carlos Alpino Bigonha e Luiz Moreira (Orgs.). Rio de Janeiro: Lumen Juris, 2010, p. 100-101. Em contraposição, o controle fraco de constitucionalidade seria aquele em que haveria mera declaração de incompatibilidade dentre a norma inferior e a superior, sem qualquer efeito vinculante para as partes e sem acarretar a nulidade da norma. Há variações entre os sistemas jurídicos, mas o modelo inglês é um exemplo desta última forma de controle, nos termos ora descritos.

originário ou do poder constituinte reformador. No primeiro caso, o ativismo judicial é ainda mais grave, eis que a alteração proposta pelo Poder Judiciário sequer poderia ser alcançada através de emenda constitucional, atacando-se diretamente a soberania do povo em dispor, através da latência do poder constituinte, acerca da conveniência em torno de nova Constituição[65]. No segundo, a ofensa é mais direcionada ao Poder Legislativo, já que usurpa deste a possibilidade de alterar a Constituição por meio de emenda constitucional.

Essa patologia pós-positivista pode ser remediada através de uma das teses centrais do positivismo jurídico, que é a separação entre Direito e Moral. Herbert Hart lançou as bases da tese, defendendo que o Direito deve ser analisado como ele é, não como ele deveria ser. Em outras palavras: mesmo o sistema jurídico mais injusto deve ser considerado como Direito.

O autor constrói seu raciocínio reconhecendo, inicialmente, que a moral desempenha influente papel no Direito, sendo equivocada uma tese da separação que não reconhecesse que muitas das normas jurídicas simplesmente incorporam mandamentos morais há muito vivenciados pelo homem, até mesmo como forma de se garantir alguma estabilidade aos sistemas jurídicos[66].

---

65 Não pode ser esquecida a lição de autores como Juliana Diniz acerca da inconstitucionalidade do povo: "quando o povo se volta contra a ordem estabelecida, a fim de exercer a sua soberania, ele é, necessariamente, inconstitucional". CAMPOS, Juliana Cristine Diniz. *O povo é inconstitucional. Poder constituinte e democracia deliberativa*. Rio de Janeiro: Lumen Juris, 2016, p. 1.

66 Nesse sentido: "O Direito de todos os Estados modernos mostra em inúmeros pontos a influência tanto da moral social aceita quanto de ideias morais mais abrangentes. Essas influências ingressam no Direito quer abrupta e explicitamente, através da legislação, quer silenciosamente e pouco a pouco, através do processo judicial. Em alguns sistemas, como nos Estados Unidos, os critérios últimos de validade jurídica incorporam explicitamente princípios de justiça ou valores morais substantivos; em outros sistemas, como na Inglaterra, onde não há restrições formais à competência do poder legislativo supremo, a legislação ainda assim não deixa de conformar-se escrupulosamente à justiça e à moral. Há inúmeras outras formas sob as quais o Direito reflete a moral, ainda

Um dos argumentos mais fortes em torno da correção da tese da separação, no entanto, diz respeito à clareza que se terá para a identificação de um sistema jurídico tirano, composto por normas jurídicas injustas. Com a clara delimitação de que o Direito pode ser algo injusto, alcançável a partir da tese da separação, ter-se-ia um apelo muito mais forte para que as pessoas simplesmente descumprissem as normas tidas por iníquas. Em situações de grave injustiça, não se deve apelar para questões filosóficas acerca do que seria ou não Direito, por exemplo, mas sim adotar a conduta prática que mais facilmente levasse à identificação e superação desse estado de coisas.[67]

O positivismo de Hart pode constituir relevante ponto de partida para uma interpretação da Constituição que promova a separação entre Direito e Moral. Diz-se isso porque Hart, ao contrário de seus antecessores como Kelsen, apresentou séria preocupação com o aspecto linguístico do Direito, reconhecendo a indeterminação deste, mas, igualmente, criticando concepções realistas que sustentavam o

---

não suficientemente estudadas: as leis podem ser uma mera casca jurídica e podem exigir expressamente que determinados princípios morais sejam levados em conta quando de sua aplicação; o alcance dos contratos cujo cumprimento é juridicamente exigível pode ser limitado mediante a referência a concepções de moral e equidade; a responsabilidade por infrações tanto civis quanto penais pode ser adaptada aos pontos de vista predominantes sobre a responsabilidade moral. Nenhum 'positivista' poderia negar esses fatos ou recusar-se a admitir que a estabilidade dos sistemas jurídicos depende em parte desses tipos de correspondência com a moral. Se é isso o que se postula como a ligação necessária entre o Direito e a moral, sua existência deve ser reconhecida". HART, H.L.A. *O conceito de Direito*, p. 263-264.

67 HART, Herbert L. A. O positivismo e a separação entre o Direito e a moral. *In: Ensaios sobre a teoria do Direito e filosofia*. Tradução de Garcez Girardi. Rio de Janeiro: Elsevier, 2010, p. 83-85. Era isso que positivistas como Jeremy Benthan, segundo Hart, faziam em relação à condenação da escravidão. Enquanto muitos pensadores buscavam condenar tal prática nefasta apelando para intrincadas teorias sobre a racionalidade de todos os seres humanos, Benthan apontava, simplesmente, que tal prática era errada porque produzia sofrimento àqueles seres humanos.

total desprezo às normas jurídicas, ao admitirem que juízes poderiam dizer qualquer coisa sobre elas[68].

Hart criticou a teoria formalista do Direito, que sustentava serem os sistemas jurídicos completamente determinados e aptos a garantirem uma única resposta correta aos problemas jurídicos. Ele fez isso a partir do reconhecimento da textura aberta das normas, reconhecendo que elas possuem uma zona de penumbra ou incerteza que contrasta com sua zona central. O autor merece transcrição literal neste ponto, pois a correta compreensão de sua teoria aponta que, mesmo ele admitindo a discricionariedade e a consequente criação judicial do Direito, o juiz deve exercer tal criação somente diante da mencionada textura aberta:

> Qualquer que seja a estratégia escolhida para a transmissão de padrões de comportamento, seja o precedente ou a legislação, esses padrões, por muito facilmente que funcionarem na grande massa de casos comuns, se mostrarão imprecisos em algum ponto, quando sua aplicação for posta em dúvida; terão o que se tem chamado de *textura aberta*. Até aqui temos apresentado isso, no caso da legislação, como uma característica geral da linguagem humana; a incerteza nas zonas limítrofes é o preço a pagar pelo uso de termos classificatórios gerais em qualquer forma de comunicação referente a questões factuais. Usadas dessa forma, as línguas naturais, como o inglês, têm uma textura irredutivelmente aberta[69].

Ora, as palavras têm algum sentido independentemente do significado que, subjetivamente, os juízes queiram implementar. Isso é decorrência lógica e inescapável do Direito escrito: se este é formalizado a partir de uma norma jurídica posta em determinado

---

[68] HART, H. L. A. *O conceito de Direito*. Tradução de Antônio de Oliveira Sette-Câmara. São Paulo: Martins Fontes, 2012, p. 179.

[69] HART, H. L. A. *O conceito de Direito*. Tradução de Antônio de Oliveira Sette-Câmara. São Paulo: Martins Fontes, 2012, p. 166.

documento, a linguagem passa a ser o ponto de partida e, ao mesmo tempo, limite para o ato interpretativo.

Retorne-se à lição de Hart: ao juiz só é lícito o exercício da discricionariedade judicial diante de uma norma que manifeste sua textura aberta, através de expressões, por exemplo, como "justo", "razoável, "boa-fé", "considerável", etc. É certo que, por diversos motivos, as normas jurídicas apresentam tais expressões. O texto constitucional que aponta ser direito fundamental a "razoável duração do processo" é um exemplo claro de tal prática. Ao interpretar tal dispositivo, certamente, juízes teriam uma liberdade maior para preencher o respectivo conteúdo.

Ocorre que, igualmente, há textos com considerável densidade normativa, cuja interpretação e aplicação não demandariam qualquer criação judicial do Direito através de exercício de poder discricionário. Além dos casos estudados nos capítulos seguintes, os dispositivos constitucionais acerca da presunção de inocência e da possibilidade de prisão são bons exemplos. Através do primeiro, tem-se que ninguém será considerado culpado até o trânsito em julgado da sentença penal condenatória, conforme art. 5º, inciso LVII, da Constituição. Por meio do segundo, admite-se a prisão somente em flagrante ou por ordem escrita e fundamentada da autoridade competente, conforme art. 5º, LXI, da Constituição.

Conjugando os dispositivos, tem-se que a prisão somente é admissível judicialmente quando fundamentada. Obviamente, a fundamentação deve estar de acordo com a Constituição. Uma decisão judicial que determine a prisão após julgamento em segunda instância e na pendência de recursos admite que alguém inocente seja encarcerado sem apresentar qualquer razão jurídica. Os adeptos da tese da execução provisória da pena recorrem a diversos expedientes para justificá-la: a) recurso aos sistemas jurídicos de outros Estados; b) clamor popular acerca da necessidade de combater a impunidade; e c) demora no julgamento dos recursos. Nenhum deles, no entanto, é jurídico.

O argumento mais problemático, nessa linha, parte da consideração de que a norma contida no artigo 5º, LVII, da Constituição é um princípio e, portanto, pode ser ponderado por razões de segurança pública. Essa foi a estratégia, por exemplo, do Ministro Luís Roberto Barroso em seu voto nas ADC's 43 e 44[70]. Tal entendimento coroa o pós-positivismo brasileiro com aquilo que ele tem de mais impreciso: ignorando que não havia textura aberta nas normas constitucionais analisadas, o juiz impõe sua visão moral sobre o caso e "respondera" uma norma constitucional que já havia decidido a questão. Em outras palavras: exerce um ativismo judicial fruto de voluntarismo que não pode ser classificado com aplicação do Direito[71].

O controle de constitucionalidade, ainda, envolve interpretação não somente da Constituição, como parâmetro de controle, mas também de ato normativo impugnado, como a lei, tido por objeto da análise. Nessa linha, o positivismo jurídico também pode contribuir para a interpretação dos estatutos, sendo esta uma das preocupações de autores como Frederick Schauer. Para ele, também a busca pelo significado das palavras deve ser o ato que abre o processo de interpretação, não se ignorando que as palavras possuem um significado mínimo por si só, independentemente do contexto. Ele usa um exemplo simples, mas que também serve perfeitamente para ilustrar o nível inaceitável de criação judicial na realidade brasileira:

> A palavra 'cachorro' refere-se a cachorro, e não a gatos ou morcegos e, embora o exemplo seja rudimentar, ele nos lembra que a linguagem somente pode operar se suas partes constituintes, sejam elas palavras, frases ou sentenças,

---

70 Relator Ministro Marco Aurélio. DJe 06/03/2018.

71 TORRANO, Bruno. *O ministro Barroso e a execução provisória da pena criminal*. Disponível em: <https://www.academia.edu/34231813/O_MINISTRO_BARROSO_E_A_EXECU%C3%87%C3%83O_PROVIS%C3%93RIA_DA_PENA>. Acessado em: 27/04/2018, p. 8.

> apresentam um significado próprio delas mesmas, pois sem isso seria impossível a transposição do pensamento do falante para a mente do ouvinte.[72]

Adaptando a lição para a seara jurídica, poder-se-ia dizer que a expressão "trânsito em julgado" tem um sentido próprio, seja qual for o contexto, não havendo justificativa para relativizações justamente sob pena de se inviabilizar qualquer regulamentação jurídica proposta pelo legislador ("falante") em face da conduta humana ("ouvinte"). Nessa linha, não se pode olvidar, ainda no tocante ao caso da execução provisória da pena, que há norma infraconstitucional negando tal possibilidade, qual seja, o art. 283 do Código de Processo Penal (CPP)[73]. Percebe-se, assim, como a prática assemelha-se à denúncia metodológica elencada por Humberto Ávila tipicamente neoconstitucionalista: com a ponderação efetivada em moldes como o descrito, "todas as outras manifestações normativas assumem papel secundário em face dos princípios constitucionais"[74]. Foi justamente isso que aconteceu com a simples superação da mencionada regra do CPP por meio da ponderação.

Outra característica do pós-positivismo brasileiro é a transformação de casos fáceis em casos difíceis sob o argumento de que uma interpretação do dispositivo constitucional mais próxima do seu sentido literal ensejaria verdadeiros absurdos, devendo o juiz corrigir o Direito. Como se percebe, trata-se de mais uma manifestação da confusão entre juridicidade e moralidade.

---

72 SCHAUER, Frederick. *Thinking like a lawyer*. Cambridge: Harvard University Press, 2009. Kindle edition. Posição 1912.

73 Art. 283. Ninguém poderá ser preso senão em flagrante delito ou por ordem escrita e fundamentada da autoridade judiciária competente, em decorrência de sentença condenatória transitada em julgado ou, no curso da investigação ou do processo, em virtude de prisão temporária ou prisão preventiva.

74 Idem, p. 8.

A nomenclatura acerca dos casos difíceis, novamente, foi incorporada à prática judicial e doutrinária brasileira a partir dos estudos de Ronald Dworkin. Para o autor, há casos para os quais não se tem expressamente uma regra jurídica regulamentadora, o que não quer dizer que não haja um Direito preexistente e apto a ser descoberto pelo juiz para solucioná-lo. Assim, mesmo em casos desse tipo, o juiz não deve criar uma obrigação jurídica nova e aplicá-la retroativamente, como defendem os positivistas, mas, sim, construir uma teoria jurídica apta a encontrar a solução correta ao caso, servindo de precedente também para casos futuros. Essa complexa tarefa, como se sabe, deveria ser levada a cabo por um juiz com características típicas de Hércules, um semideus[75].

David Lyons aponta que Dworkin não definiu precisamente em que consistem os casos difíceis, pois, mesmo partindo da caracterização acima posta, referente à falta de regulamentação para certos fatos concretos levados ao juiz, seria possível também caracterizar como caso difícil aquele em que há uma regra jurídica regulamentando certo caso, mas o fazendo de modo insatisfatório[76]. É o caso, por exemplo, de Riggs x Palmer, famoso precedente citado por Dworkin e debatido por diversos filósofos do Direito.

Nesse caso, um neto matara o avô para obter a herança, sendo que as regras jurídicas existentes não proibiram tal recebimento. Mesmo diante de tal quadro, Dworkin apontam que se estaria diante de um caso difícil, pois o resultado absurdo que as normas jurídicas admitiam feriam princípios como o que ninguém deve se beneficiar da própria torpeza[77].

---

[75] DWORKIN, Ronald. *Levando os Direitos a sério*. Tradução de Nelson Boeira. São Paulo: Martins Fontes, 2010, p. 164/168.

[76] LYONS, David. *Principles, positivism, and legal theory*. In: *Yale Law Journal*, vol. 87, nº 2, 1977, p. 427

[77] DWORKIN, Ronald. *Levando os Direitos a sério*. Tradução de Nelson Boeira. São Paulo: Martins Fontes, 2010, p. 37.

É essa segunda interpretação dos casos difíceis, no entanto, que merece cuidadosa atenção, pois pode constituir numa daquelas marcas do ativismo judicial pós-positivista brasileiro apontadas por Humberto Ávila anteriormente, qual seja, a superação rápida das regras pelos princípios jurídicos. Trata-se de situação na qual, a par de haver uma norma jurídica regulamentando o caso, o intérprete cria ou recorre arbitrariamente aos princípios para superar a positivação efetivada. Perceba-se que não se está negando a possibilidade de existência casos difíceis em situações realmente não regulamentadas, como, por exemplo, a referente à constitucionalidade do discurso do ódio. A Constituição garante a liberdade de expressão e proteção à honra, à igualdade e à dignidade da pessoa humana, mas não elenca, clara e expressamente, a vedação às manifestações do pensamento baseadas em ódio. Obviamente, não se está defendendo que qualquer resposta para esta questão seja satisfatória. Afinal, como dito, juízes não podem dizer qualquer coisa sobre as normas jurídicas. Mas, como não há uma norma constitucional específica, o caso pode ser considerado como difícil.

Frederick Schauer faz cuidadosa leitura acerca dos casos difíceis, apontando que "advogados normalmente falam de casos difíceis, mas também há muitos casos fáceis"[78]. A advertência é valiosa: com a pressa para se executar ponderações ou resolver questões constitucionais a partir de princípios, os intérpretes acabam esquecendo que, mesmo diante de normas constitucionais, há diversos casos facilmente resolvidos a partir da aplicação de regras jurídicas. Nesse sentido, o autor aponta a existência de três tipos de casos surgidos a partir da análise linguística da norma: a) casos fáceis, nos quais a linguagem do texto é clara e produz resultado tido como não absurdo; b) casos difíceis surgidos a partir da indeterminação da linguagem estipulada no texto normativo; c) casos difíceis decorrentes justamente do resultado que se tem com a interpretação literal de norma

---

[78] SCHAUER, Frederick. *Thinking like a lawyer.* Cambridge: Harvard University Press, 2009. Kindle edition. Posição 1930.

linguisticamente clara. No último caso, a linguagem é clara, mas a resposta conferida por ela parece ser errada ou absurda[79].

A análise da linguagem, assim, é essencial para a caracterização de um caso fácil. Schauer explicita como uma regra com textura aberta pode ser convertida em princípio, transformando-se um caso fácil num caso difícil. Por exemplo, se, ao invés de uma norma prevendo a idade mínima para alguém se tornar Presidente, existisse norma prevendo que somente se alcançaria a capacidade eleitoral passiva para tal cargo aquele que tenha "alcançado uma idade suficientemente representativa da maturidade para desempenhar os deveres requeridos pelo cargo"[80]. A segunda norma seria formulada como um princípio da maturidade, com textura aberta que, diante de casos concretos, traria incerteza na sua aplicação. Justamente para evitar isso e proporcionar mais clareza e eficiência no sistema, tem-se a formulação de tais normas como regras, com uma idade fixa.

Ao estudioso, no trabalho teórico, é lícito fazer exercícios como este, transformando regras em princípios, normas claras em normas com textura aberta com a finalidade de explicitar as diferenças entre casos fáceis e casos difíceis. Ocorre que uma atitude dessas efetivada por agentes que devem buscar a limitação do poder estatal, incluindo a autocontenção do seu próprio poder como forma de não corromper a separação de Poderes, pode ser criticada, numa perspectiva formalista de decisão judicial, como abordado adiante.

Há situações, portanto, em que, goste-se ou não, a norma constitucional regulamenta expressamente determinado assunto. Nesses casos, não há necessidade de se recorrer a qualquer consideração diferente da mera interpretação literal do dispositivo. A argumentação jurídica pode até permanecer acompanhada de argumentos de princípio, mas esses somente reforçam a literalidade da regra.

---

79 SCHAUER, Frederick. *Thinking like a lawyer*. Cambridge: Harvard University Press, 2009. Kindle edition. Posição 1912. Posição 1930.

80 SCHAUER, Frederick. *Easy cases*. 58 S. Cal. L. Rev. 399 (1985), p. 405.

Diversas regras constitucionais apontam para a caracterização de casos fáceis, tais como as normas prevendo: a) idade mínima para se candidatar aos cargos eletivos; b) sucessão presidencial; c) período de mandatos; e d) competência dos Poderes, dentre tantas outras estudadas nos capítulos seguintes. Muitas delas não apresentam espaço indeterminado ou textura aberta e, precisamente nessas situações, tem-se um caso fácil que, se não decidido com base na literalidade da norma, produzirá um caso difícil forjado, cuja consequência, como já aventada anteriormente, pode ser a concentração de poderes, especialmente no Judiciário.

Finalmente, deve-se esclarecer que mesmo para Dworkin, autor que não subscreve a citada tese positivista da separação, tem-se a proscrição em torno da utilização de leituras morais da Constituição quando se está diante de uma regra. O autor expressamente afasta a possibilidade de leituras morais, por exemplo, quando se está diante de norma que prevê a idade mínima para alguém se tornar Presidente da República ou o impedimento para que o Estado pudesse abrigar tropas militares nas casas dos cidadãos. Ora, tais normas são regras e, mesmo que se pensasse no princípio subjacente a elas, relacionado à maturidade para ocupação de relevante cargo público ou à privacidade, elas não foram formuladas expressamente como princípios. Logo, leituras morais das disposições constitucionais que não sejam moralmente abertas afiguram-se indevidas, devendo-se respeitar a formulação linguística efetivada no texto[81].

---

[81] "É evidente que a leitura moral não é adequada para a interpretação de tudo quanto uma constituição contém. A Constituição norte-americana inclui muitos artigos e dispositivos que não são nem especialmente abstratos nem vazados na linguagem dos princípios morais. O artigo II, por exemplo, especifica que o Presidente deve ter pelo menos trinta e cinco anos de idade; e a Terceira Emenda estabelece que o Estado não pode aquartelar soldados nas residências de civis em tempos de paz. Este último dispositivo pode até ter sido inspirado por um princípio moral: os que o escreveram e homologaram podem, por exemplo, ter querido dar efeito a um princípio que protegesse o direito dos cidadãos à privacidade. Mas a Terceira Emenda não é em si mesmo um

Assim, mesmo teorias positivistas escritas há mais de 50 anos como a de Hart ainda servem para criticar a prática judicial brasileira, muito embora seu poder seja mais restrito aos casos constitucionais centrais, não envolvendo textura aberta. Percebe-se que mesmo positivistas contemporâneos como Frederick Shauer partem, igualmente, das considerações sobre a indeterminação e o valor intrínseco da linguagem para criticar interpretações que se distanciam do sentido do texto.

4.1 Exceção jurídica e Estado de exceção judicial: a teoria de Hart justifica os atos de exceções judiciais?

Como apontado anteriormente, este livro utiliza a teoria de Hart como uma forma de superar o ativismo judicial, unicamente no contexto de aplicação de regras de competência sem textura aberta. Ocorre que há respeitável entendimento doutrinário que defende exatamente o oposto, colocando o positivismo de Hart como uma das explicações para o ativismo judicial brasileiro. Mais que isso: tal ativismo gerado também a partir das ideias de Hart caracterizaria um verdadeiro estado de exceção judicial. Este tópico analisa tal tese, argumentando que a teoria de Hart não pode ser "culpada" pelos atos de exceção judiciais praticados no Brasil.

Em sentido amplo, a exceção à norma jurídica é algo que interessa para a própria noção de Estado de Direito: se a norma jurídica não é aplicada na hipótese fática nela prevista, com o recurso corriqueiro e não fundamentado em torno da excepcionalidade, a normatividade

---

princípio moral: seu conteúdo não é um princípio geral da privacidade. (...) Dadas as palavras que utilizaram, não podemos, sem fugir da sensatez, pensar que eles estabeleceram um princípio moral qualquer, mesmo que acreditemos que foram inspirados por um tal princípio. Eles disseram o que as palavras que usaram normalmente serviriam para comunicar: não que a privacidade deve ser protegida, mas que os soldados não devem ser aquartelados em residências em tempo de paz". DWORKIN, Ronald. *O direito da liberdade. A leitura moral da Constituição norte-americana*. Tradução de Marcelo Brandão Cipolla. São Paulo: Martins Fontes, 2006, p. 11-12.

jurídica pode se converter em algo inútil, demonstrando-se postura de ceticismo em relação à norma jurídica tipicamente realista[82]. Com o recurso frequente e injustificado à exceção, não haveria, no final das contas, como separar a função judicante da legislativa e executiva, ampliando-se o problema para o nível da própria democracia, pois, como sustenta Agamben, a confusão entre as referidas funções numa única autoridade é uma das marcas dos estados de exceção[83].

As exceções, consideradas como situações de descompasso entre o aspecto linguístico da regra e seus objetivos ou propósitos, podem contribuir para a caracterização de um estado de exceção judicial? Quando as exceções às regras de competência constitucional são criadas judicialmente, há aproximação do Poder Judiciário à figura do soberano, como já vem apontando a doutrina[84].

Carl Schmitt é o autor normalmente citado quando se busca compreender a ditadura e o estado de exceção. Buscando trazer tais estudos para a área jurídica, tendo em vista o desinteresse, por exemplo do positivismo jurídico kelseniano sobre o fenômeno[85], o autor inicia seus estudos sobre o tema apontando as características centrais da ditadura, as quais correspondem à: a) tecnicidade; b) racionalidade; e c) executividade[86].

---

82 HART, Herbert. Ob. cit., p. 176-183.

83 AGAMBEN, Giorgio. *Estado de exceção*. Tradução de Iraci D. Poleti. 2ª ed. São Paulo: Boitempo, 2004. Kindle edition. Posição 199 de 2202.

84 SERRANO, Pedro Estevam Alves Pinto. *Autoritarismo e golpes na América Latina. Breve ensaio sobre jurisdição e exceção*. São Paulo: Alameda, 2016. Kindle edition. Posição 1676.

85 Schmitt aponta que não é de se espantar o fato de Kelsen "não saber o que fazer" com estudo do estado de exceção: sendo manifestação de algo que vai além da norma jurídica, não poderia caber mesmo ao positivismo normativista qualquer preocupação com tal tema. SCHMITT, Carl. *Teologia política*. In: *A crise da democracia parlamentar*. Tradução de Inês Lohbauer. São Paulo: Scritta, 1996, p. 93.

86 SCHMITT, Carl. *La dictadura*. Tradução: José Díaz García. Madri: Alianza Editorial, 2013, p. 37.

A tecnicidade aponta o caráter eminentemente científico da atuação política ditatorial, no sentido de que busca resolver algum problema, como a eliminação do inimigo, sem qualquer constrangimento moral acerca de tal tarefa, concentrando-se na aplicação de meios eficientes para tanto. A racionalidade, por sua vez, está relacionada à necessidade de se dominar o povo, tido como massa irracional que precisa ser guiada. Finalmente, a executividade realça o aspecto da missão a ser cumprida por aquele investido na condição de ditador, o qual, ante a necessidade, deve cumprir sua tarefa concretamente, eliminando o problema[87].

Essas considerações são complementadas por Schmitt quando este, discorrendo não mais acerca da ditadura, mas, sim, sobre o soberano como o agente capaz de decidir acerca do estado de exceção, caracteriza a excepcionalidade como situação ou conceito limite: não se trata de qualquer altercação ou mesmo de uma situação caótica, consistindo o estado de exceção, como um ordenamento concreto baseado na decisão do soberano[88]. Daí a constatação de que, em situações desse tipo, é comum o aumento de poderes do Poder Executivo[89].

Apesar de tal constatação em relação ao Poder Executivo, como ator mais propício a se comportar como soberano, no estado de exceção tem-se algumas incertezas que podem justificar a assunção de tal função também a agentes de outros poderes. Tais incertezas estão relacionadas, por exemplo: a) ao momento e condições para caracterização da situação excepcional, normalmente difícil de serem precisamente identificados, demonstrando como os requisitos às vezes

---

87 SCHMITT, Carl. *La dictadura*. Tradução: José Díaz García. Madri: Alianza Editorial, 2013, p. 34-38.

88 SCHMITT, Carl. *Teologia política*. In: *A crise da democracia parlamentar*. Tradução de Inês Lohbauer. São Paulo: Scritta, 1996, p. 87.

89 BERCOVICI, Gilberto. *Soberania e Constituição: para uma crítica do constitucionalismo*. 2ª ed. São Paulo: Quartier Latin, 2013, p. 229.

postos nas constituições para sua regulamentação não conseguem normatizar algo que, por essência, é surpreendente e não regulamentável[90]; e b) à autoridade com poderes para solucionar a emergência, eis que a caracterização da situação excepcional não escapa ao subjetivismo daquele que se propõe soberano, não havendo simplesmente um dado objetivo apto a, cabalmente, justificar ao surgimento da excepcionalidade[91].

Nesse sentido, é possível dizer que também o Poder Judiciário pode se comportar como soberano, nos termos acima elencados? Os juízes, por exemplo, têm proferido decisões com características tipicamente racionais, técnicas e executivas, no sentido utilizado anteriormente, buscando eliminar algum inimigo? As evidências colhidas em diversos precedentes apontam nesse sentido, como a doutrina já vem expondo. Veja-se, por exemplo, as hipóteses elencadas por Pedro Serrano:

> a prisão de Guantánamo e o *Patrioct Act*, nos EUA, o trato não humano destinado a estrangeiros em países europeus, a exceção de medidas provisórias no Brasil, as façanhas do Bope, além de medidas judiciais legitimadoras da exceção, tais como decretação de prisão preventivas com finalidades transversas (obtenção de delações premiadas e confissões, por exemplo) e as condenações sumárias de presos políticos, sem obediência aos mais elementares direitos fundamentais[92].

Analisando a realidade brasileira, Pedro Serrano apresenta como possível justificativa para essa crescente soberania judicial o enraizamento do positivismo jurídico no Brasil, destacando como as ideias de Kelsen e Hart, ao admitirem a discricionariedade judicial cada qual ao seu modo, contribuem para tal estado de coisas. Nesse

---

90 AGAMBEN, Giorgio. Ob. cit., p. 263.

91 AGAMBEN, Giorgio. Ob. cit., p. 694.

92 SERRANO, Pedro Estevam Alves Pinto. Ob. cit., p. 345-361.

sentido, a crítica a Kelsen parte da admissão pelo autor, no famoso capítulo da teoria pura do direito acerca da interpretação, da discricionariedade do juiz, o qual poderia decidir um caso mesmo indo além da moldura normativa[93]. Em relação à teoria de Hart, Pedro Serrano reconhece que o autor somente admite a discricionariedade judicial naqueles casos em que se evidencia a textura aberta da norma jurídica, quando, por exemplo, se tem uma linguagem vaga. Admitindo que é um avanço em relação à teoria de Kelsen, tem-se como possível manter a crítica também a Hart, pois, de todo modo, este admite a discricionariedade[94].

Nos limites desta investigação, sustenta-se que a explicação acerca da soberania judicial a partir do positivismo de Hart é equivocada. Argumenta-se em seguida exatamente no sentido oposto: se a teoria de Hart fosse observada, muitas das decisões apontadas como atos de exceção judiciais sequer teriam sido proferidas. Diz-se isso porque, como já elencado na introdução e aprofundado no decorrer deste capítulo e de toda a obra, é a subversão das regras de competência que pode gerar um estado de exceção judicial, a partir da paulatina caracterização de exceções jurídicas que realocam judicialmente poder especificamente para o Judiciário.

Ocorre que tais regras de competência são formuladas em linguagem clara, não ambígua, não apresentando a textura aberta que abriria, segundo Hart, a possibilidade de decisões judicias discricionárias. Em outras palavras: a teoria de Hart pode ser utilizada, na verdade, é como fator de crítica às decisões judiciais ativistas que, a pretexto de interpretar uma regra de competência constitucional, não respeitam seu significado linguístico mínimo, negando que se está diante de uma situação central, não de situação de penumbra[95].

---

93 SERRANO, Pedro Estevam Alves Pinto. Ob. cit. Posição 1890.

94 SERRANO, Pedro Estevam Alves Pinto. Ob. cit. Posições 2002 e 2019.

95 HART, H. L. A. *O conceito de Direito*. Tradução de Antônio de Oliveira Sette-Câmara. São Paulo: Martins Fontes, 2012, p. 166.

Os casos trabalhados neste livro vão todos nesse sentido. É papel do Senado, por exemplo, suspender no todo ou em parte a execução de lei declarada inconstitucional pelo STF, nos termos do art. 52, X, da Constituição. Mesmo diante da clareza do verbo "suspender", capaz de conferir efeitos gerais à decisão do STF, a Corte admite ser possível conferir efeitos expansivos quando bem entende, em detrimento da competência do Senado. A aplicação da teoria de Hart dificilmente aceitaria uma resposta dessas: no caso, não haveria textura aberta e discricionariedade.

Outros exemplos, não aprofundados nesta pesquisa, vão no mesmo sentido, mesmo não se limitando às regras de competência, mas, sim, aos direitos fundamentais dos investigados e acusados: a) a regra constitucional que estipula a presunção de inocência não apresenta textura aberta capaz de admitir a execução provisória da pena[96]; b) a regra do Código de Processo Penal acerca das conduções coercitivas não apresenta textura aberta capaz de admitir a condução de investigado e, mais ainda, que sequer tenha sido intimado previamente para prestar seu depoimento, negando-se injustificadamente a depor[97]; c) a regra constitucional que limita a prisão de parlamentares federais somente aos casos de flagrante em crimes inafiançáveis não autoriza a prisão, obviamente, se o crime for afiançável[98]; e d) o

---

96 Art. 5º, LVII, da Constituição – "ninguém será considerado culpado até o trânsito em julgado de sentença penal condenatória".

97 Artigos 218 e 260 do Código de Processo penal: "Se, regularmente intimada, a testemunha deixar de comparecer sem motivo justificado, o juiz poderá requisitar à autoridade policial a sua apresentação ou determinar seja conduzida por oficial de justiça, que poderá solicitar o auxílio da força pública"; "Se o acusado não atender à intimação para o interrogatório, reconhecimento ou qualquer outro ato que, sem ele, não possa ser realizado, a autoridade poderá mandar conduzi-lo à sua presença".

98 Art. 53, § 2º, da Constituição: "Desde a expedição do diploma, os membros do Congresso Nacional não poderão ser presos, salvo em flagrante de crime inafiançável. Nesse caso, os autos serão remetidos dentro de vinte e quatro horas à Casa respectiva, para que, pelo voto da maioria de seus membros, resolva sobre a prisão."

caso das colaborações premiadas prevendo benefícios como a revogação de prisões preventivas, aparentando que a decretação não se deu somente em respeito aos requisitos legais típicos para garantia da ordem pública, ordem econômica, aplicação da lei penal e conveniência da instrução, também restaria superado com a estrita observância dos benefícios previstos em lei, os quais não contemplam a revogação de prisão preventiva ou mesmo de prisão domiciliar sem qualquer linguagem que denote textura aberta[99].

Todos casos são apontados como exemplos de atos de exceções judiciais, seja porque não respeitaram as regras de competência fixadas na Constituição, seja porque relativizaram os direitos fundamentais dos indivíduos. Todos eles, repita-se, partem da interpretação de regras sem qualquer caracterização de textura aberta. Logo, não haveria discricionariedade nesses casos, segundo Hart. Em não havendo a discricionariedade, a decisão ou o ato de exceção não deveria ter sido proferido, sendo forçoso concluir que o positivismo de Hart, pelo contrário, garante o Estado de Direito contra a o Estado de Exceção judicial.

Juízes que buscam alterar regras de competência, especialmente aumentando o poder do Judiciário, supõem ser essa a medida necessária para readequar a separação e poderes para uma realidade na qual se busca mais efetividade nas decisões e na concretização da Constituição. O preço a pagar por tal fragilização da normatividade jurídica é a insegurança típica do decisionismo, o qual pode descambar para a limitação e direitos, como se tem, por exemplo, no caso dos precedentes que admitem a execução provisória da pena, como

---

[99] Art. 4º, § 2º, da Lei nº 12.850/2013: "Considerando a relevância da colaboração prestada, o Ministério Público, a qualquer tempo, e o delegado de polícia, nos autos do inquérito policial, com a manifestação do Ministério Público, poderão requerer ou representar ao juiz pela concessão de perdão judicial ao colaborador, ainda que esse benefício não tenha sido previsto na proposta inicial, aplicando-se, no que couber, o art. 28 do Decreto-Lei nº 3.689, de 3 de outubro de 1941 (Código de Processo Penal)."

já citado. Uma interpretação que não reconheça isso atribui poder aos tribunais de segunda instância contra a Constituição e, o que é mais grave, ofendendo direitos fundamentais do indivíduo.

5. Positivismo presumido e regras de competência

As regras, como visto, são normas jurídicas eminentemente descritivas, as quais regulamentam condutas ou atribuem poder. Há vários modelos que buscam explicar a fundamentação das decisões judiciais que se deparam com a aplicação de regras, tais como: a) o formalista ou baseado em regra; b) o particularista; c) o particularista sensível às regras; e d) o positivista presumido[100]. Sustentar-se-á que o modelo proposto pelo positivismo presumido é aquele que melhor promove a proteção à Constituição quando se está diante da aplicação de regras de competência. Para sustentar tal tese, deve-se, inicialmente, esclarecer em que consistem os modelos antes citados.

Os modelos formalista e particularista estão nos extremos dessa distinção. O primeiro sustenta a correção de uma decisão judicial quando esta aplica a regra pura e simplesmente sem fazer qualquer consideração acerca da justificativa ou propósito por ela almejados. É um modelo, assim, que pode gerar resultados absurdos ou injustos, mas que tem a virtude da previsibilidade e segurança[101].

O modelo particularista, por sua vez, está no extremo oposto do modelo formalista. Ele apresenta esse nome porque sustenta como correta a decisão judicial fundamentada unicamente nas particularidades do caso concreto, perquirindo pelo melhor resultado numa perspectiva moral, política, econômica ou social, buscando os propósitos subjacentes à regra sem qualquer preocupação com esta. É

---

[100] SCHAUER, Frederick. *Rules and the rule of law.* 14. Harv. J.L. Pub. Pol'y645 (1991), p. 647-651; 674-679.

[101] SCHAUER, Frederick. *Rules and the rule of law.* 14. Harv. J.L. Pub. Pol'y645 (1991), p. 650.

um modelo que não admite os resultados absurdos ou injustos, apostando na virtude dos juízes para alcançar tais finalidades[102].

O modelo particularista sensível às regras e o positivista presumido, por outro lado, situam-se entre esses extremos. O particularista sensível às regas busca a melhor solução para o caso, mas, no balanço de razões, inclui o valor da regra como instrumento para segurança jurídica. Logo, diferentemente do modelo particularista puro, o valor da regra é levado em conta[103].

Finalmente, tem-se a tese central de Frederick Schauer, consistente no positivismo ou formalismo presumido. Tal teoria apregoa que as regras constituem uma presunção não absoluta para o julgador: elas devem ser aplicadas, mas, diante de uma situação absurda ou injusta, o melhor resultado deveria ser buscado. O foco, assim, é na aplicação da regra, mesmo que ela determine resultados que não sejam os melhores. Somente em casos excepcionais, elas poderiam ser afastadas[104].

O modelo formalista puro, no que tange à interpretação das regras de competência, é o modelo que mais promove segurança e limita a concentração de poder, pois faz com que julgadores fundamentem concisa e precisamente os casos em referência, unicamente, à literalidade da regra. Ao evitar argumentações baseadas em princípios que buscam as justificativas ou propósitos das regras, tem-se com clareza a aplicação da regra, não se cogitando de razões que possam contribuir para sua superação.

No entanto, na prática do STF, não é essa a forma de argumentação que tem sido aplicada mesmo nos casos em que as regras de

---

[102] SCHAUER, Frederick. *Rules and the rule of law.* 14. Harv. J.L. Pub. Pol'y645 (1991), p. 648.

[103] SCHAUER, Frederick. *Rules and the rule of law.* 14. Harv. J.L. Pub. Pol'y645 (1991), p. 650.

[104] SCHAUER, Frederick. *Rules and the rule of law.* 14. Harv. J.L. Pub. Pol'y645 (1991), p. 674-679.

competência são respeitadas. Mesmo quando se tem a aplicação da regra no seu sentido literal, os julgadores recorrem a algum argumento de princípio para justificá-la. Por exemplo, quando o STF entendia que o Advogado Geral da União (AGU) deveria defender a constitucionalidade do ato impugnado no controle de constitucionalidade sem qualquer exceção, era comum a invocação de elementos para além da literalidade da regra, tais como: a) necessidade de promover o contraditório; e b) levar a sério a presunção de constitucionalidade da lei ou ato normativo. Essa forma de argumentação será abordada com mais detalhes ao final deste capítulo, com o estudo de caso específico acerca do papel do AGU, e nos casos estudados nos capítulos III, IV e V. Logo, o modelo formalista, mesmo com inegáveis méritos, não é o que explica mais precisamente a prática judicial brasileira.

Os modelos particularista e o particularista sensível às regras, como já dito, apresentam virtudes e defeitos. Por meio deles, injustiças podem ser evitadas ou potencializadas, dependendo unicamente do julgador, eis que as regras não apresentam aptidão de bloquear a moral judicial, constrangendo e pressionando o juiz a segui-la mesmo quando não concordasse com seu conteúdo. São modelos que, na intepretação das regras de competência, poderiam gerar concentração de poder: se o Poder Judiciário, diante do caso concreto, entende pela caracterização da exceção, atribuindo-lhe uma competência não prevista constitucionalmente, o órgão que deveria limitar o poder acaba por ampliá-lo, atuando em benefício próprio.

É nesse sentido que não se pode considerar a eficácia de trincheira das regras como algo essencialmente ruim:

> Em suma, está claro que as regras criam obstáculos, mas isso não precisa ser considerado sempre como algo ruim. Pode ser um prejuízo quando aqueles encarregados de decidir são sábios que sensivelmente consideram todos os fatores relevantes enquanto precisamente perseguem o bem. Entretanto, elas podem ser um ativo para restringir órgãos decisores desorientados, incompetentes, maus, sedentos por poder ou simplesmente enganados, os quais o próprio

> senso do que seja bom pode divergir daquele preconizado pelo sistema que eles servem. O problema, claro, é a dificuldade em determinar quais dessas caracterizações adequam-se aos decisores; devemos então decidir a extensão na qual queremos desabilitar os bons decisores em ordem de, simultaneamente, desabilitar os maus[105].

A advertência de Schauer deve ser levada a sério na realidade judicial brasileira, quando existem exemplos concretos de juízes decidindo acerca de sua competência, ampliando-a contra as regras constitucionais[106]. Mesmo no STF, diversas decisões apontam para uma usurpação de competência da corte em face do constituinte originário ou mesmo dos demais Poderes.

O modelo particularista na interpretação das regas de competência tem sido utilizado pelo STF em diversos casos: a) na atribuição do *status* supralegal aos tratados de direitos humanos, criando exceções às regras que aproximam tais normas da legislação ordinária com base em princípios ou direito estrangeiro, como enfrentado no capítulo III; b) na admissão do controle judicial preventivo sobre projetos de lei, mesmo diante da regra que limita tal controle às emendas constitucionais, não se atentando adequadamente acerca da possibilidade de superação política da inconstitucionalidade formal, como abordado no capítulo IV; c) no reconhecimento da eficácia expansiva de certas decisões proferidas no bojo do controle difuso, mesmo diante da já citada regra do art. 52, X, da Constituição.

---

105 SCHAUER, Frederick. *Formalism*. The Yale Law Journal. Vol. 97, N°, 4. Mar. 1988, p. 543.

106 Reclamação 24.619. Rel. Ministro Edison Facchin. O caso refere-se à divulgação pelo então Juiz Federal Sérgio Moro de áudios de interceptação telefônica capturados após o período determinado por decisão judicial, contando, ainda, com a interceptação de conversa da então Presidenta da República Dilma Roussef ao ex-Presidente Lula. A presença daquela, apesar de não ser a autoridade investigada, torna automaticamente o Supremo Tribunal Federal competente para analisar o caso e decidir acerca de eventual levantamento de sigilo, não o juízo de primeiro grau.

Em todos esses casos, praticamente nenhuma consideração acerca do valor da segurança jurídica que tais regras promovem foi elaborada pela Corte. Eis a razão para caracterização de tais decisões como particularistas, aproximando-se mais desta que o modelo particularista sensível às regras.

Resta, finalmente, a análise do formalismo ou positivismo presumido preconizado por Schauer, o qual pode não ser a melhor forma de decidir acerca de todas as questões num determinado sistema jurídico. Ele mesmo reconhece isso, sem explicitar quais normas seriam o objeto central dessa forma de decisão. Este livro, como já dito, sustenta que a aplicação central de tal formalismo ou positivismo presumido diz respeito às regras de competência, para além das regras de conduta em geral.

Schauer, inicialmente, procura reabilitar o formalismo como teoria jurídica respeitável. Nessa linha, ele busca refutar a ideia de que formalismo, por si só, seria algo necessariamente ruim, imagem amplamente difundida na teoria jurídica contemporânea[107]. O formalismo que, como visto, caracterize-se pela aplicação de regras, pode ser algo valoroso para o direito, como já antecipado anteriormente, pois teria o mérito de limitar a atuação de juízes orientados pela busca desenfreada pelo poder.

Os prolegômenos do positivismo presumido vão surgir a partir dessa investigação do autor em torno de formas aceitáveis de formalismo, partindo da premissa de que as regras apresentariam não uma restrição absoluta aos julgadores, mas, sim, graus de restrição que, dependendo do caso e dos resultados extremamente absurdos

---

[107] O autor não busca fazer uma defesa geral do formalismo, na medida em que critica decisões que, por exemplo, mascaram a existência real de escolha para o julgador sob o falso argumento de aplicação de um silogismo. É essa a crítica contra decisões como Lochner v. New York (1905), a qual, para julgar inconstitucional as normas sociais aprovadas que buscavam proteger a relação trabalhista, a Suprema Corte Americana limitou-se a pontar que: a) a liberdade

gerados pela aplicação literal, poderiam ser afastadas. A restrição envolvida na aplicação da regra seria, assim, presumida[108].

Três anos após a publicação dessa primeira versão inicial do positivismo presumido no texto *Formalism*, Schauer esclarece e aprofunda sua teoria no contexto daquelas outras formas de decisão já citadas. Em *Rules and the rule of law*, o autor explicita sua teoria a partir da constatação de que os críticos do positivismo, como Dworkin, apontam a existência de diversas decisões judiciais que não aplicam a regra em si, mas as justificativas ou princípios que as fundamentariam, como ocorrido no caso Riggs x Palmer já citado.

Schauer explica porque decisões desse tipo, que aplicam um princípio como aquele no qual "ninguém pode se beneficiar da própria torpeza" ao invés de uma regra, podem conviver com outros tipos de decisão que fazem a argumentação oposta, concluindo pela aplicação da regra e não do princípio. Situações potencialmente conflitantes desse tipo ocorreriam devido à força presumida das regras, elaborando o autor, neste momento, o conceito de presunção justificatória[109].

A presunção justificatória está relacionada ao peso que as razões possuem num eventual balanço, existindo aquelas mais persuasivas ou mais importantes que outras. As regras, nessa linha de raciocínio, apresentariam uma presunção justificatória em torno da utilização

---

de contratar é prevista constitucionalmente sem limitações; b) empregador e empregado contrataram entre si; e c) logo, não há qualquer limite que a lei possa estabelecer. Esse é um silogismo formalista criticável porque desconsidera a ampla liberdade de escolha e avaliação que o julgador tem ao interpretar a palavra "liberdade", com profundas implicações políticas, econômicas e sociais envolvidas. SCHAUER, Frederick. *Formalism*. The Yale Law Journal. Vol. 97, Nº, 4. Mar. 1988, p. 511-513.

108 SCHAUER, Frederick. *Formalism*. The Yale Law Journal. Vol. 97, Nº, 4. Mar. 1988, p. 544-547.

109 SCHAUER, Frederick. *Rules and the rule of law*. 14. Harv. J.L. Pub. Pol'y645 (1991), p. 675.

de uma razão que fosse mais forte que outra. Como se trata de uma presunção em torno da aplicação da literalidade da regra, ela poderia ser superada, mas somente diante de uma razão que evitasse o resultado extremamente errado. Em outras palavras: há presunção em torno da razão que leve à aplicação da regra em si e não ao seu propósito, mesmo quando a regra entra em conflito com os propósitos de normas sociais mais amplas, fazendo, no entanto, não de modo extremo. Seria um erro simples, não extremo ou grosseiro, aplicar a regra em si[110].

O positivismo presumido tem o mérito de não admitir o engajamento ativo do julgador na procura por tais razões que possa levar à superação da regra. Ele admite que isso possa ser feito, mas, agindo como uma espécie de "simplificador psicológico"[111] na mente do julgador, aconselha-o a promover "olhares casuais", "checagens preliminares", "vislumbre" ou uma mera "espiada" na busca por possíveis razões que justifiquem a não aplicação literal da regra[112].

É essa postura de contenção e não ativismo controlado que diferencia o positivismo presumido do modelo particularista sensível às regras. Schauer, mantendo a diferenciação após crítica de Postema, sustenta que, apesar de as regras serem levadas em conta no balanço efetivado pelo modelo particularista, a presunção em torno delas possui um peso menor ou quase inexistente em tal modelo, pois ele admite que o próprio valor da regra como norma capaz de gerar segurança jurídica a partir da previsibilidade, clareza e eficiência seja sempre ponderado em cada caso.

---

110 SCHAUER, Frederick. *Rules and the rule of law.* 14. Harv. J.L. Pub. Pol'y645 (1991), p. 675.

111 SCHAUER, Frederick. *Rules and the rule of law.* 14. Harv. J.L. Pub. Pol'y645 (1991), p. 677.

112 SCHAUER, Frederick. *Rules and the rule of law.* 14. Harv. J.L. Pub. Pol'y645 (1991), p. 677.

No modelo particularista sensível às regras, estas nem sempre teriam força para evitar o aumento de poder por parte dos decisores, já que a ponderação envolvida poderia colocar em xeque essa própria característica da regra. No modelo preconizado pelo positivismo presumido, por outro lado, as regras sempre teriam alguma força, muito embora não fossem conclusivas[113].

Um exemplo pode ajudar na diferenciação entre as formas de argumentação baseadas em regra. Imagine-se o caso relacionado ao papel do Senado Federal no controle de constitucionalidade, aprofundado no último capítulo deste livro. O art. 52, X, da Constituição apresenta regra dispondo que compete ao Senado: "suspender a execução, no todo ou em parte, de lei declarada inconstitucional por decisão definitiva do Supremo Tribunal Federal."

Em determinado caso no qual essa regra fosse colocada em questão, com alguma parte argumentando que o papel do Senado deveria ser compreendido, por exemplo, como o de mero publicador da decisão do STF, seria possível imaginar os seguintes padrões argumentativos:

a) formalista puro – "de acordo com o art. 52, X, da Constituição, a competência do Senado é clara, podendo tal órgão suspender a lei, não se cogitando de qualquer atividade como a de publicação. A literalidade do dispositivo é suficiente para afastar qualquer resultado em sentido contrário";

b) particularista – "a isonomia no tratamento de casos semelhantes, mas ainda não decididos pelo STF eis que se encontram perante as demais instâncias do Poder Judiciário é razão suficiente para a eficácia expansiva imediata da decisão da Corte. Logo, nenhuma consideração em torno do art. 52, X, pode autorizar resultado diverso do que ora preconizado";

---

113 SCHAUER, Frederick. *Rules and the rule of law*. 14. Harv. J.L. Pub. Pol'y645 (1991), p. 677-678. Nota de rodapé nº 71.

c) particularista sensível às regras – "estão em jogo valores como isonomia e o valor formal da segurança jurídica com a alocação de poderes no legislativo, mas o peso deve recair nas particularidades do caso, não sendo justo que a parte aguarde seu caso chegar ao STF para, só neste somente, ver seu direito alcançado. Teorizações abstratas sobre a segurança jurídica não podem impedir tal resultado"; e

d) positivismo presumido – "realmente, está em jogo possível resultado absurdo com a falta de isonomia no sistema. No entanto, esse resultado não é extremamente errado, pois: a) o Senado Federal pode suspender a norma, não sendo correto pressupor que ele não vai atuar assim; b) não se trata de teorização abstrata em torno da segurança jurídica, mas, sim, de preservar a alocação de poderes e impedir que o STF concentre competências vedadas pelo próprio Constituinte".

Perceba-se a diferença argumentativa: a) no primeiro caso, o julgador limitou-se a indicar a regra referente ao art. 52, X, sem qualquer referência aos objetivos ou propósitos por trás de tal competência; b) no extremo oposto, o julgador particularista sequer cita a literalidade da regra, afiançando-se unicamente na injustiça do caso com a quebra de isonomia; c) o primeiro modelo intermediário, particularista sensível às regras, mostra uma preocupação com o valor formal da regra, mas rapidamente superado ao apontar que se trata de uma mera abstração; d) finalmente, o modelo positivista presumido reconhece, num daqueles "vislumbres" preliminares, que pode haver ofensa à isonomia, mas que esse resultado não é necessário e extremamente equivocado pelas razões que invoca.

O exemplo acima não é meramente conceitual ou distante da realidade. Como será abordado concretamente no capítulo V, será possível perceber, nos diversos votos analisados, como o STF, com as dificuldades típicas em torno de uma pesquisa jurisprudencial, trafega de modo incoerente pelas diversas tipologias argumentativas.

Os modelos de argumentação estudados não existem de modo estanque num dado sistema jurídico. Schauer reconhece que o modelo formalista presumido pode ser melhor utilizado em certas partes do sistema do que em outras, sem especificar quais seriam essas partes[114]. Este trabalho sustenta que tal modelo é o que melhor explica e normatiza a interpretação judicial das regras de competência constitucionais: a) explica melhor porque, na prática, a argumentação judicial não se contenta com a mera menção à literalidade da regra de competência, na maioria dos casos, como será demonstrado nos capítulos III, IV e V; b) normatiza convincentemente a atuação judicial ao levar a sério a necessidade de alocação de poder para se evitar a formação de soberanos, abrindo espaço para argumentação em busca dos propósitos da norma unicamente para determinar a aplicação da própria regra diante de erro não grosseiro, sem o intuito ativista já preconcebido mentalmente pelo julgador.

Ainda pode ter ficado em aberto a questão: E quando se estará diante de um erro daquela magnitude extremamente grave capaz de levar à superação da regra? No bojo das regras constitucionais de competência, objeto central desta pesquisa, não haverá resultado absurdo quando a aplicação literal da regra previna a concentração de poder, especialmente no Poder Judiciário. As justificativas para essa afirmação foram apresentadas no decorrer de todo este capítulo, relacionadas, especialmente, à possibilidade de caracterização de aprofundamento de um estado de exceção judicial, como abordado no item 4.1.

Assim, é até possível cogitar a superação de regras de competência infraconstitucionais, ante violação de regras constitucionais. No entanto, a necessidade de alocação de poder e desconcentração deste, especialmente, no Poder Judiciário, justifica a afirmação de que não se estaria diante de erro extremo na aplicação literal de regra de competência constitucional.

---

[114] SCHAUER, Frederick. *Formalism*. The Yale Law Journal. Vol. 97, N°, 4. Mar. 1988, p. 547.

6. Um breve exemplo: o Advogado Geral da União como Advogado da Integridade Jurisprudencial

Qual o papel do Advogado Geral da União no controle de constitucionalidade? A fim de tornar ainda mais clara a argumentação acerca da criação artificial de situações que ensejariam o afastamento excepcional de regras, diante de pretensos absurdos na sua aplicação literal, veja-se um exemplo a partir da regra constitucional que regulamenta o papel do Advogado Geral da União (AGU) no controle concentrado, nos termos do artigo 103, § 3º, da Constituição: "Quando o Supremo Tribunal Federal apreciar a inconstitucionalidade, em tese, de norma legal ou ato normativo, citará, previamente, o Advogado Geral da União, que defenderá o ato ou texto impugnado". Como se nota, trata-se de regra que regulamenta a conduta do AGU no controle concentrado perante o STF, determinando que ele defenda o ato ou texto impugnado em qualquer caso.

Precedente do STF, no entanto, sustenta que, interpretado literalmente tal texto, converter-se-ia o AGU em "advogado da inconstitucionalidade", pois seria obrigado a defender qualquer ato normativo, mesmo aqueles já declarados inconstitucionais pelo STF[115]. Haveria, ainda, incongruência nos casos de conflito federativo decorrentes da competência legislativa concorrente: o AGU poderia ser compelido a defender a constitucionalidade de lei estadual que tratasse de matéria destinada constitucionalmente à lei federal. A regra então, apresentaria esse claro aspecto sobreinclusivo, determinando a defesa de atos em excesso, em típico erro decorrente da generalização. A doutrina também aponta essas incongruências, como, por exemplo, o faz Clèrmerson Merlin Clève[116].

---

115 ADI 3916. Rel. Min. Eros Grau. DJ: 13/05/2010.

116 "A posição do Advogado Geral da União, diante do entendimento do Supremo, muitas vezes causa espécie. Afinal, como se compatibiliza o exercício da consultoria jurídica do Poder Executivo com a defesa inarredável de todos os atos atacados por via da ação direta genérica? Considere-se uma lei

A evolução jurisprudencial do STF sobre o tema aponta no mesmo sentido das diversas patologias descritas no capítulo seguinte, relacionadas às dificuldades em torno da superação de precedentes baseados em regras. Assim, num primeiro momento, a Corte assentou a necessidade de se cumprir a regra, mesmo com possíveis resultados absurdos, tendo em vista que ela não teria o poder de alterá-la[117]. Gradativamente, a posição começa a ser afrontada, inicialmente por meio do voto divergente do Ministro Paulo Brossard[118] e, em seguida, tendo-se a mudança de entendimento da Corte em 2001[119]. Mesmo após a formação desse último precedente, a Corte

---

inconstitucional, reconhecida, em parecer oferecido pelo Advogado Geral da União ao Presidente, para justificar a sua inaplicação pelo Executivo. Imagine-se, ainda, norma legal atacada pelo próprio Presidente da República por via de ação direta, ou a hipótese de lei estadual dispondo sobre matéria de competência da União. Em todos as situações (*sic*), ainda que antes, atividade consultiva, tenha se pronunciado em sentido contrário, deverá o Advogado Geral da União providenciar a sustentação do ato impugnado". CLÈVE, Clèrmerson Merlin. *A fiscalização abstrata da constitucionalidade no direito brasileiro.* 2ª ed. São Paulo: Editora Revista dos Tribunais, 2000, p. 181.

117 ADI 72, Relator Ministro Sepúlveda Pertence. Ementa: "Erigido curador da presunção de constitucionalidade da lei, ao Advogado-Geral da União, ou quem lhe faças às vezes, não cabe admitir a invalidez da norma impugnada, incumbindo-lhe, sim, para satisfazer requisito de validade do processo da ação direta, promover-lhe a defesa, veiculando os argumentos disponíveis". DJ 25/05/1990. O Ministro Relator, seguido pelo Tribunal, apontara a condição de curador da constitucionalidade da lei atribuída constitucionalmente ao AGU, não cabendo emitir parecer para procedência da ADI.

118 ADI 242. Relator Ministro Paulo Brossard. 20/10/1994. No caso, o Relator citada o entendimento da Advocacia Geral da União apresentado no caso, no sentido de que o AGU não deveria ser obrigado a defender a constitucionalidade de ato manifestamente inconstitucional, como se fosse um "advogado da inconstitucionalidade". O Relator, sem seguida, enfrentou o mérito do caso mesmo sem a defesa da constitucionalidade, tendo sido suscitada questão de ordem para se reestabelecer o que havia sido decidido na ADI 72, o que efetivamente aconteceu.

119 ADI 1.616. Relator Ministro Maurício Corrêa. DJ 24/08/2001. Atente-se para o ponto 4 da emenda: "O múnus a que se refere o imperativo constitucional (CF,

chegou a negar a postura ativa do AGU em caso posterior julgado em 2005[120], não atentando para seus próprios precedentes. Eis um exemplo de incoerência e falta de técnica com os precedentes na jurisdição constitucional brasileira: o precedente de 2005 sequer cita a posição firmada no caso anterior e as eventuais razões para superá-lo. Afastou-se um precedente sem realizar, propriamente, um *overruling*, portanto, como será explicitado no capítulo II.

Finalmente, em 2010 a Corte decidiu mais uma questão de ordem sobre o tema e não remeteu o processo à Advocacia Geral da União para que se manifestasse pela constitucionalidade do ato impugnado, admitindo que o AGU não tem o dever de defender a constitucionalidade da norma[121]. No caso, tratava-se de lei distrital contra a qual se apontava a inconstitucionalidade formal por invasão da competência legislativa da União.

Uma das razões ou dos propósitos por trás da regra, ou seja, sua justificação, apontaria para a necessidade de afastamento da interpretação literal, pois o que se busca é a atuação do AGU na defesa de atos normativos sobre os quais pairem dúvidas acerca da constitucionalidade. Ora, se o STF já decidiu casos semelhantes, não haveria qualquer espaço de dúvida. Além disso, a justificativa em torno do

---

artigo 103, § 3º) deve ser entendido com temperamentos. O Advogado-Geral da União não está obrigado a defender tese jurídica se sobre ela esta Corte já fixou entendimento pela sua inconstitucionalidade". Perceba-se que não se fala sequer em jurisprudência firmada sobre determinada questão, mas mero precedente acerca da inconstitucionalidade. O tema será enfrentado no texto.

120 ADI 3.522. Relator Ministro Marco Aurélio. Julgado em 24/11/2005. Ementa: "PROCESSO OBJETIVO - AÇÃO DIRETA DE INCONSTITUCIONALIDADE. ATUAÇÃO DO ADVOGADO-GERAL DA UNIÃO. Consoante dispõe a norma imperativa do § 3º do artigo 103 da Constituição Federal, incumbe ao Advogado Geral da União a defesa do ato ou texto impugnado na ação direta de inconstitucionalidade, não lhe cabendo emissão de simples parecer, a ponto de vir a concluir pela pecha de inconstitucionalidade".

121 ADI 3.916. Rel. Min. Eros Grau. DJ: 13/05/2010.

contraditório estaria garantida com a apresentação das informações das autoridades envolvidas na edição do ato, como preconiza a lei.

Essa argumentação padece do vício apontado neste trabalho, consistindo numa criação de exceção não justificada para a superação da regra. Prova-se essa assertiva a partir do momento em que: a) buscando-se a fundamentação da regra, não houve empenho em se alcançar as possíveis justificativas que apontassem para a correção da interpretação literal; b) a decisão aloca poder no AGU praticamente equiparando-o ao Procurador Geral da República na atuação como *custos legis*; e c) a decisão atribui um efeito aos precedentes do STF inexistente no sistema jurídico brasileiro. Veja-se como isso ocorreu.

A caracterização do AGU como "advogado da inconstitucionalidade" e sua respectiva proscrição parte da consideração de que: a) somente o STF exerce controle de constitucionalidade; b) a decisão da Corte é infalível e c) sua jurisprudência deve se manter imutável. De maneira não declarada expressamente, essas foram as premissas utilizadas para encontrar a justificação da regra citada.

Este trabalho, por outro lado, propõe-se a acrescentar uma nova justificação para a regra em análise. Ora, nenhuma palavra foi dita acerca da possibilidade de o papel do AGU ser, justamente, o de provocar permanentemente o STF em temas constitucionais, admitindo-se que: a) a Corte não é o único ator que desenvolve a revisão judicial; b) a respectiva decisão pode conter falhas e sua jurisprudência, apesar do dever de se manter coerente, íntegra e estável, não pode ser imutável. Assim, quando o AGU defende a constitucionalidade de uma lei declarada anteriormente inconstitucional pelo STF, ele não está se convertendo em "advogado da inconstitucionalidade": ele está se comportando exatamente como preconizado pela regra posta pelo constituinte originário, convertendo-se num relevante ator para que a Corte fique sempre alerta na análise de seus precedentes, os quais podem ter sido erroneamente criados.

O AGU, então, seria uma espécie de "Advogado da Integridade Jurisprudencial": mesmo diante de jurisprudência firmada, teria o papel permanente de provocar a Corte, argumentado em torno da constitucionalidade de lei ou ato normativo declarado inconstitucional. Ora, o STF pode errar, entendendo correta uma decisão que, na verdade, viola a Constituição. A falta de integridade jurisprudencial, analisada no capítulo seguinte, é razão suficiente para permitir ao AGU essa posição.

A Constituição autoriza essa interpretação pois ela atribuiu a outro agente, o Procurador Geral da República (PGR), o papel de emitir pareceres sobre a constitucionalidade da norma, podendo se manifestar em qualquer sentido, independentemente de prévia decisão da Corte. Ora, a justificativa desenvolvida pela Corte acaba equiparando, neste contexto, as figuras do PGR e do AGU.

Não se trata de alcançar, a todo instante, a mudança de jurisprudência da Corte. Evidentemente, tal atuação do AGU não implicaria, sempre, na alteração dos precedentes, pois a jurisprudência tem de se manter também estável, cabendo ao STF, caso assim entendesse, simplesmente manter seus precedentes, contra a manifestação do AGU. Por outro lado, em se negando o papel ora preconizado ao AGU, ter-se-ia mais um elemento para a estabilidade de decisões equivocadas, ante a falta de argumentação em sentido contrário, a qual ficaria a cargo somente das partes interessadas. Assim, em se admitindo a interpretação literal do dispositivo com base na justificação ora desenvolvida, ter-se-ia, pelo menos, mais uma possibilidade de superação de precedentes equivocados, mesmo que tal evento se mostrasse raro e, na maioria das vezes, a atuação do AGU fosse quase supérflua. Um dia, no entanto, ela poderia se mostrar de extrema valia.

Mesmo nos casos de possível invasão de competência, a situação não é tão simples a ponto de, rapidamente, supor-se eventual contraposição entre os interesses da União e das demais unidades federadas. Como salientado por Fábio Carvalho Leite:

> Além disso, deve-se ainda frisar, no que tange à questão da inconstitucionalidade formal por invasão de competência da União, que em muitos casos a definição do ente

> federativo competente para legislar sobre determinada matéria é polêmica, não estando clara no texto constitucional, e que a jurisprudência do STF a este respeito é, com a devida vênia, extremamente centralizadora, deixando aos Estados um campo muito registro para o exercício da sua autonomia no campo da autolegislação (em que pese a ilusão proporcionada pela ideia de que aos Estados cabe legislar sobre tudo o que não for de competência da União nem dos Municípios...). Portanto, além de questionável a permissão dada pelo STF ao AGU, ela é ainda prejudicial à interpretação da Constituição em questões relativas à distribuição de competência legislativa na federação brasileira.[122]

Evidentemente, esse papel é impossível de ser exercido pelo AGU caso se admita, para além de um direito de não manifestação no processo, um verdadeiro direito de atacar a constitucionalidade da lei, como, de fato, se vem fazendo[123]. Essa interpretação, criticada neste trabalho, é particularista a ponto de subverter totalmente os limites linguísticos do art. 103, § 3º, da Constituição, transformando a palavra "cachorro" em "gato", para relembrarmos a fala de Frederick Schauer ou, no caso, "defender" em "atacar".

Para que não haja qualquer dúvida: a interpretação ora proposta presume a força da regra do art. 103, § 3º, da Constituição, recorrendo brevemente à justificação subjacente unicamente para desenvolver uma argumentação baseada em tal regra. Aplicando tal metodologia, encontra-se um papel para o AGU até então não devidamente explicitado pela doutrina ou jurisprudência do STF.

As regras jurídicas não são espécies normativas inferiores aos princípios: se tais normas encontram-se no mesmo plano constitucional, a regra deve ser aplicada em face do seu caráter imediatamente

---

[122] LEITE, Fábio Carvalho. *O papel do Advogado-Geral da União no controle abstrato de constitucionalidade: curador da lei, advogado público ou parecerista?* In: *Revista do Curso de Mestrado em Direito da UFC*. 2010/2, p. 64.

[123] ADI 3.609, por exemplo. Relator Ministro Dias Toffoli. 15/05/2013.

descritivo, o qual apresenta um dever muito mais claro ao juiz, como prescreve os meios para a regulamentação da conduta humana, ou para atribuição de poder a certos órgãos ou agentes.

Assim, sua eficácia de trincheira demonstra como a superação da regra é algo difícil e que merece cuidado: uma regra não pode deixar de ser aplicada simplesmente porque não se concorda com ela. Uma das formas de se efetivar essa superação indevida é criar, artificialmente, situações excepcionais, supondo-se a existência de fatos não condizentes com a causa que levou à criação da regra.

Perceba-se que a forma de argumentação para justificar a ausência de exceção capaz de afastar o dever de defesa o AGU poderia muito bem se limitar à literalidade do art. 103, § 3º, da Constituição. Todos os argumentos de ordem principiológica, como os relacionados ao contraditório ou ao papel do AGU como indutor de *overruling* na jurisprudência do STF, são construções que somente reforçam a literalidade do dispositivo.

Um argumento final contra essa postura do STF refere-se, novamente, à superação da regra como forma de aquisição de poder. É certo que nesse caso quem angariou maior poder não foi o Judiciário em si, mas o AGU, o qual, na prática, passou a se comportar quase como o PGR, manifestando-se acerca da constitucionalidade ou inconstitucionalidade como bem entendesse, independentemente de haver jurisprudência assentada no STF. Esse aumento de poder, no entanto, decorre da atribuição de um efeito à jurisprudência do STF não previsto em lei ou na Constituição: do fato de haver jurisprudência firmada sobre determinada questão, não decorre que o dever constitucional do AGU seja alterado. Não há relação lógica entre uma coisa e outra.

Mas o STF fez essa relação, conferindo um poder a si próprio no que tange à força dos seus precedentes. Como se sabe, as decisões definitivas de mérito do STF no controle concentrado possuem efeito vinculante em relação aos demais órgãos do Poder Judiciário e da Administração Pública. Ocorre que o AGU, no desempenho de sua função constitucional, não desempenha atividade administrativa ou de meio, mas, sim, atividade fim, não havendo porque se cogitar de tal vinculação.

Nenhuma palavra acerca destes outros possíveis propósitos ou justificação da regra é dita na argumentação desenvolvida pelo próprio Supremo. Simplesmente por supor um resultado absurdo, sem maiores constrangimentos impostos pelo art. 103, § 3º, da Constituição, afastou-se uma regra a partir da convicção de que se está melhorando o sistema, atribuindo-se um poder a um agente estatal diverso do que determinado pelo constituinte originário.

O AGU como "advogado da inconstitucionalidade", assim, é uma criação fruto de uma exceção não justificada à regra que determina a defesa do ato impugnado por tal autoridade, pois: a) não buscou levar em conta todas as razões possíveis para a justificação de tal regra; b) outras regras constitucionais, como a que prevê a atuação do PGR, apontam para a inadmissão de exceções à função do AGU; e c) a tese supera uma regra justamente para atribuir mais poder, imediatamente ao AGU e mediatamente ao próprio STF, gerando insegurança jurídica.

II

OS PRECEDENTES NO CONTROLE DE CONSTITUCIONALIDADE BASEADOS EM REGRAS E *OVERRULING*

Os precedentes judiciais têm ganhado relevância cada vez mais acentuada no sistema jurídico brasileiro, a ponto de o Código de Processo Civil (CPC) ter ampliado o rol de decisões judiciais capazes de demandar observância para os diversos órgãos do Poder Judiciário que estejam em posição de inferioridade em relação aos respectivos Tribunais que as tenham prolatado[124]. Além disso, o CPC

---

[124] Art. 927. Os juízes e os tribunais observarão:

I – as decisões do Supremo Tribunal Federal em controle concentrado de constitucionalidade;

II – os enunciados de súmula vinculante;

III – os acórdãos em incidente de assunção de competência ou de resolução de demandas repetitivas e em julgamento de recursos extraordinário e especial repetitivos;

IV – os enunciados das súmulas do Supremo Tribunal Federal em matéria constitucional e do Superior Tribunal de Justiça em matéria infraconstitucional;

V – a orientação do plenário ou do órgão especial aos quais estiverem vinculados.

estipula que é dever dos Tribunais manter sua jurisprudência íntegra, coerente e estável[125].

Como um precedente firmado a partir de interpretação de regra constitucional de competência pode ser superado? Essa é a questão enfrentada neste capítulo, essencial para o deslinde dos casos estudados nos capítulos seguintes, eis que todos eles se referem a alterações jurisprudenciais que superaram precedentes formados em respeito ao sentido mínimo que se pode atribuir às regras constitucionais em questões como *status* dos tratados de direitos humanos, controle judicial preventivo de constitucionalidade e atuação do Senado Federal no controle difuso exercício pelo STF. A análise efetivada neste capítulo, assim, é uma continuidade da pesquisa efetivada no capítulo anterior. Nele, analisou-se como deveria ser difícil superar uma regra constitucional de competência. Neste, como dito, tem-se uma análise de segunda ordem: não bastasse a eficácia de trincheira da regra em si, tem-se um precedente formado com base, justamente, nesta regra.

Ora, a superação desse precedente também não deveria ser algo fácil. Por isso as condições para o *overruling* serão analisadas, especialmente quando este ocorre sem qualquer alteração textual na Constituição. Demonstrar-se-á, de modo introdutório aos demais capítulos, que a argumentação utilizada pelo STF para superar tais precedentes é complexa e confusa, contando: a) com a citação assistemática de doutrina e direito estrangeiros, como, por exemplo, no caso do *status* supralegal dos tratados de direitos humanos (a doutrina e direito citados contemplam norma constitucional conferindo expressamente o *status* supralegal aos mencionados tratados, o que não ocorre no caso brasileiro); b) utilização de precedentes que não guardam semelhança relevante com o novo caso, como, por exemplo, no caso do controle judicial preventivo sobre projeto de

---

[125] Art. 926. Os tribunais devem uniformizar sua jurisprudência e mantê-la estável, íntegra e coerente.

lei, tendo o precedente se referido a determinado projeto de emenda constitucional (não a projeto de lei); e c) incoerência nos novos casos julgados pela Corte, conferindo efeito expansivo às decisões em controle difuso somente em alguns casos e não explicitando a razão dessa distinção, violando a regra de competência acerca do papel do Senado no controle de constitucionalidade.

A presente investigação precisa tecer considerações sobre a coerência e integridade no Direito, levando em conta a norma legal já citada. Além disso, os precedentes e sua identificação serão analisados a partir da constatação que no sistema jurídico brasileiro foi a lei e não a tradição judicial que ampliou consideravelmente a importância deles.

A investigação acerca da integridade do Direito passa pela análise necessária da teoria da integridade de Ronald Dworkin. Este é o ponto de partida que se impõe porque, no Brasil, tal teoria jurídica influenciou fortemente a própria redação do art. 924 do CPC, como adiante será demonstrado. As decisões judiciais e o conjunto de precedentes devem respeitar, também, a coerência. Complementando o estudo sobre integridade, a teoria da coerência judicial elaborada por Joseph Raz será estudada, demonstrando-se como, no bojo específico da decisão judicial, não há uma divergência significativa entre Dworkin e Raz, justificando o diálogo proposto[126], eis que Raz não nega que os juízes, especialmente em casos nos quais o direito não se apresenta assentado, vai acabar recorrendo aos padrões extrajurídicos para proferir a decisão[127].

---

[126] BUSTAMANTE, Thomas. *O precedente judicial aos olhos do positivismo jurídico excludente*. In.: TORRANO, Bruno; OMNATI, José Emílio Medauar (Coord.) *O positivismo jurídico no século XXI*. Coleção teoria crítica do Direito. Rio de Janeiro: Lumen Juris, 2018, p. 393-394.

[127] RAZ, Joseph. *Ethics in the public domain. Essays in the morality of law and politics*. Oxford: Clarendon Press, 1996, p. 332-333.

1. Os precedentes no sistema jurídico brasileiro e sua importância para o controle de constitucionalidade

O presente tópico busca esclarecer o que é um precedente, diferenciando-o de súmula e jurisprudência para, em seguida, afirmar sua importância no bojo do controle de constitucionalidade. Precedente, súmula e jurisprudência não são sinônimos, sendo que o próprio CPC apresenta dispositivos regulando cada um dos institutos de modo próprio. Um precedente é, necessariamente, uma decisão isolada sobre determinado assunto, enquanto a jurisprudência é um conjunto mais ou menos coerente de decisões sobre assuntos semelhantes. Por sua vez, a súmula é um ato administrativo editado pela Corte que contém uma tese firmada reiteradas vezes[128]. O

---

[128] Juraci Mourão Lopes Filho, didaticamente, traça as diferenciações necessárias para compreensão de sua teoria dos precedentes: "Precedente não equivale à súmula ou à jurisprudência, e os três não devem ser utilizados/aplicados da mesma forma. Pode-se adiantar que precedente é um julgamento que passa a ser referência em julgamentos posteriores. Jurisprudência é um conjunto de decisões sobe o mesmo assunto. E súmula constitui um ato administrativo de tribunal pelo qual exprime o resumo do entendimento contido em uma jurisprudência dominante. Eis a primeira distinção importante: precedente e jurisprudência são fruto de atividade jurisprudencial, enquanto súmula decorre de atividade administrativa.

A legislação brasileira empresta tratamento diferenciado a essas três espécies de pronunciamentos. As súmulas são tomadas como expressivas de entendimento bem arraigado e pacificado, pois se pressupõem sumários de jurisprudência dominante de um tribunal e, portanto, algo mais estável. Desfrutam, então, de uma relevância maior no sistema, mesmo se comparada à jurisprudência. Muitas vezes, a jurisprudência tem tratamento especial apenas quando dominante. É o caso da possibilidade de se modular a alteração jurisprudencial dominante para que tenha efeitos apenas prospectivos (*prospective overruling*), prevista no art. 927, § 3º, do Código de Processo Civil, ou quando se presume a repercussão geral do Recurso Extraordinário, quando o julgamento recorrido contrarie jurisprudência dominante do Supremo Tribunal Federal (art. 135, CPC)". LOPES FILHO, Juraci Mourão. *Os precedentes judiciais no constitucionalismo brasileiro contemporâneo*. 2ª ed. Salvador: Jus Poddivm, 2016, p. 128-129.

precedente influencia a edição da súmula, como expressamente regulamento no CPC, que determina que os Tribunais devem se ater aos fatos dos casos previamente decididos quando da edição do respectivo enunciado de súmula[129].

O CPC, como visto, apresenta regras determinando a observância dos precedentes, também regulamentado quais as consequências da jurisprudência dominante nos demais processos. Igualmente, regulamenta a edição das súmulas, como mencionado. Os precedentes, tendo essa característica de ser uma decisão isolada que servirá como padrão para casos futuros, pode apresentar um ganho hermenêutico mais acentuado justamente no bojo do controle concentrado de constitucionalidade, pois questões complexas e específicas, muitas vezes, são levadas à Corte para a tomada de decisão sem qualquer precedente próximo. Em outras palavras: trata-se de caso único, mas possivelmente o primeiro de muitos outros semelhantes, realçando a importância de uma das funções mais significativas do precedente, que é, justamente, propiciar o mencionado ganho hermenêutico.

O ganho hermenêutico propiciado pelo precedente consiste na função que este tem em adicionar sentido ao Direito, enriquecendo o sistema jurídico[130], o qual, como visto no capítulo anterior, pode

---

[129] Art. 926, § 2º: Ao editar enunciados de súmula, os tribunais devem ater-se às circunstâncias fáticas dos precedentes que motivaram sua criação.

[130] LOPES FILHO, Juraci Mourão. Ob. cit., p. 339-340. O exemplo apresentado pelo autor refere-se ao julgamento da ADI 3.510, no contexto dos limites das pesquisas com células tronco embrionárias: como a Lei nº 11.105/2005 não apresentara disposição fixando precisamente o momento em que se considera iniciada a vida, e como o texto constitucional limita-se a elencar a "inviolabilidade do direito à vida", foi necessário, para além da lei, a formação de precedente judicial que esclarece mais ainda os pontos controvertidos, apontando que as referidas normas constitucionais e legais protegeriam as células tronco apenas no casos de embriões viáveis, não alcançando aqueles congelados. Essa adição de sentido é, precisamente, o ganho hermenêutico.

apresentar indeterminação especialmente nas hipóteses de textura aberta. Ocorre que somente há tal enriquecimento se, realmente, tem-se situação de incerteza e o Poder Judiciário é chamado a decidir. Nos casos retratados neste livro ocorrera precisamente o inverso: com a superação dos precedentes estudados, ocorreu um empobrecimento no ordenamento jurídico, pois os casos estavam assentados em regras sem a mencionada textura aberta. Nesses casos, os precedentes que aplicavam pura e simplesmente a regra não inovavam em sentido ante a completa desnecessidade: o constituinte já havia se preocupado em assentar uma questão, ele próprio enriquecendo o sistema jurídico. Ora, quando o trabalho do constituinte é desfeito por meio de decisão judicial que promove um *overruling* contra a regra constitucional, está-se retirando o precisamente o sentido posto pelo constituinte originário. Não pode haver um enriquecimento, assim, nesses casos.

A fundamentação da decisão judicial como exercício de argumentação jurídica consistente no oferecimento de razões para justificar uma ação[131] deve levar em conta os precedentes. No sistema jurídico brasileiro, isso é uma decorrência da própria lei, podendo a falta de cuidado no manejo dos precedentes acarretar a nulidade da decisão[132].

---

131 MACCORMICK, Neil. *Argumentação jurídica e teoria do direito*. Tradução de Waldéa Barcellos. São Paulo: Martins Fontes, 2009, p. 17.

132 Art. 489 do CPC: São elementos essenciais da sentença:
§ 1o Não se considera fundamentada qualquer decisão judicial, seja ela interlocutória, sentença ou acórdão, que:
(...)
V - se limitar a invocar precedente ou enunciado de súmula, sem identificar seus fundamentos determinantes nem demonstrar que o caso sob julgamento se ajusta àqueles fundamentos;
VI - deixar de seguir enunciado de súmula, jurisprudência ou precedente invocado pela parte, sem demonstrar a existência de distinção no caso em julgamento ou a superação do entendimento.

Assim, a utilização prática do precedente envolve sempre a consideração de uma decisão anterior e outra atual. Além disso, a força dos precedentes varia conforme eles sejam analisados vertical ou horizontalmente: os precedentes verticais são aqueles normalmente mais fortes, eis que formados por uma Corte superior para posterior observância por parte de uma Corte inferior, enquanto os precedentes horizontais são aqueles da própria Corte, variando sua força ou mesmo a existência de vinculação para casos futuros[133].

Tal distinção, no entanto, não é suficiente para esgotar as considerações em torno da força dos precedentes, a qual é dependente de diversos outros fatores[134], destacando-se, no que interessa mais de perto a esta pesquisa, a ausência de alterações jurídicas nas leis e na Constituição. Pode um precedente que aplica regra de competência, mantendo a separação das funções constitucionais, ser alterado promovendo a consequente realocação de poder entre, por exemplo, Legislativo e Judiciário? O tema será retomado quando da análise dos requisitos para *overruling*, reconhecendo-se, desde já, que um precedente cuja *ratio decidendi* possa ser formulada como regra,

---

[133] SCHAUER, Frederick. *Thinking like a lawyer*. Cambridge, Massachusetts: Harvard University Press, 2009. Kindle edition. Posição 502-564.

[134] Juraci Mourão elenca os diversos elementos formais de determinação da força hermenêutica do precedente, tais como a) nível hierárquico da corte emissora; b) tipo de processo em que se emitiu o precedente; c) órgão interno do tribunal emissor; d) votação por maioria ou unanimidade e e) modificação da composição da corte emissora, bem como os respectivos elementos materiais que determinam tal força: f) fundamentação adequada e detida; g) grau qualitativo e quantitativo de análise das questões de fato e de direito envolvidas; h) o ramo do direito envolvido; i) a idade do precedente; j) a observância da coerência; k) existência ou não de desafio ao precedente; l) similitude hermenêutica das questões suscitadas; m) guinada jurisprudencial e efeito *ex tunc*; n) observância de precedentes não judiciais; o) modificação o plano legislativo ou constitucional; p) modificação ou manutenção do quadro político e social geral; e q) apoio ou desafio acadêmico. Dependendo da conjugação desses diversos fatores, ter-se-á uma condição mais facilitada ou dificultada para superação do precedente. LOPES FILHO, Juraci Mourão. Ob. cit., p. 419-449.

apresenta uma força vinculante mais significativa do que precedentes mais amplos formulados como princípios[135].

Nos casos estudados neste livro nos capítulo seguintes, era precisamente dessa forma regrada que se expressavam os precedentes objeto de *overruling*: a) os tratados de direitos humanos tinham *status* de lei ordinária, ante a ausência de regra específica na Constituição prevendo *status* diferenciado; b) o controle judicial preventivo de constitucionalidade era vedado, diante do respeito à separação de poderes; e c) o STF deveria esperar a suspensão da lei pelo Senado para que houvesse eficácia *erga omnes* à decisão, ante ausência de regra conferido tal efeito de modo automático. Mesmo assim, os precedentes foram alterados, sem qualquer modificação jurídica por parte do Legislativo.

Diante da dicção do art. 927 do CPC, tem-se que diversas decisões de tribunais superiores apresentam força vinculante em relação aos órgãos inferiores do Poder Judiciário, sendo exemplo de precedentes verticais. No caso do STF e de seus próprios precedentes, deve-se relembrar que a Constituição, ao regulamentar o efeito vinculante, expressamente afasta sua incidência ao próprio STF, eis que aponta a força deles unicamente aos demais órgãos do Poder Judiciário.

Por outro lado, não se pode esquecer que o CPC determina o dever de estabilidade, coerência e integridade em relação aos tribunais, sendo possível incluir o STF, ante a ausência de restrição legal. Como compatibilizar os deveres infralegais de estabilidade, coerência e

---

135 "Numa palavra, o maior grau de objetivação das normas jurídicas do tipo regra faz com que a vinculatividade das normas extraídas de precedentes judiciais varie não apenas em função da sua generalidade, mas também de sua estrutura *stricto sensu*. Portanto, vale a seguinte diretiva: normas jurisprudenciais do tipo "regra" têm um peso ou vinculatividade maior que as do tipo "princípios". BUSTAMANTE, Thomas. *Teoria do precedente judicial. A justificação e a aplicação de regras jurisprudenciais.* Noeses: São Paulo, 2012, p. 350, 352-353.

integridade com o mandamento constitucional que afasta o efeito vinculante no bojo do próprio STF?

Alguns conceitos podem ajudar o deslinde da questão. É comum a lembrança doutrinária de que nos sistemas de *common law* o precedente é a principal fonte do direito, tendo se desenvolvido posteriormente uma doutrina chamada *stare decisis et non quieta movere*. Tal expressão, que significa algo como "continuar com as coisas decididas e não mover as coisas quietas", tem uma dupla função: a) fundamentar a vinculação da própria Corte aos seus precedentes, tendo aplicação, portanto, no bojo dos precedentes horizontais; e b) possibilitar a identificação daquilo que realmente vincula no precedente, ou seja, a *ratio decidendi*, diferenciando-a daquilo que foi meramente dito de passagem o *obter dictum*[136].

Num julgamento acerca da possibilidade de descriminalização do aborto, por exemplo, a tese fixada em torno da inconstitucionalidade da criminalização da tal prática no início da gestação, quando o feto não tem possibilidade de vida extrauterina, seria a *ratio decidendi* do caso. Considerações acerca, por exemplo, da necessidade de o sistema único de saúde executarem tal procedimento na rede pública de saúde seria uma questão dita de passagem ou *obter dictum*: pode até sinalizar o entendimento da corte para casos futuros, quando, efetivamente, a questão da cobertura de tal procedimento

---

[136] Lenio Streck e Georges Abboud esclarecem as diferenças entre o precedente em si e a doutrina do *stare decisis*: "De início, cumpre esclarecer que a doutrina dos precedentes, apesar de anterior, não é sinônima de *stare decisis*, conforme demonstraremos nesse tópico da obra. (...) A doutrina do *stare decisis*, em sua acepção técnica, surgiu apenas mais tarde, mediante uma sistematização das decisões, que distinguia a elaboração/construção (*holding*) do caso que consistiria no precedente e seria vinculante para casos futuros, e o *dictum*, que consistia na argumentação utilizada pela corte, dispensáveis à decisão anterior e, desse modo, não eram vinculantes. (Grifos do autor). STRECK, Lenio; ABBOUD, George. *O que é isto – o precedente judicial e as súmulas vinculantes*. 2ª ed. Porto Alegre: Livraria do Advogado, 2014, p. 39-40.

seja efetivada, mas não apresentariam qualquer vinculação por si só, eis que, repita-se, não era o objeto da discussão.

De todo modo, é importante salientar que a distinção entre *ratio decidendi* e *obter dictum* não merece ser potencializada: como explicitado por Thomas Bustamante, o que deve ficar claro é que quaisquer razões utilizadas na decisão podem compor de modo vinculante o precedente, existindo, apenas, uma variação de grau em torno de tal vinculação: devem haver mais razões para se seguir a *ratio decidendi*, mas o *obter dictum* também produz efeitos[137].

A justificativa para o stare decisis está relacionada aos diversos valores ligados à segurança jurídica: necessidade de estabilidade proteção das expectativas das pessoas que podem programar suas vidas a partir de decisões pretéritas tomadas pela Corte. Veja-se, por exemplo, casos envolvendo tributos: a admissão ou não de certo tipo de cobrança em determinado caso gera expectativa acerca de decisão semelhante em casos futuros.

Retornemos à questão, então: o STF está vinculado às suas próprias decisões? Pela literalidade do texto constitucional, não. Caso se faça uma leitura a partir dos valores da segurança jurídica, sim, pois nem mesmo o mais alto Tribunal do país poderia mudar seus precedentes a todo momento, sem maiores preocupações com as relações jurídicas que vão se desenvolver a partir dele. A questão, então, passa a ser quando o precedente deixa de vincular o STF de modo forte, podendo ser superado.

---

137 "É tempo de rever essa dicotomia rígida entre *ratio* e *dictum*, entre a parte absolutamente vinculante e a parte não vinculante de um precedente judicial. (...) Como a questão da força ou vinculatividade dos precedentes é uma questão de graus, prefiro, ao invés de contrapor os conceitos de *ratio decidendi* e obter *dictum*, falar indistintamente em *rationes decidendi* e deixar para um momento posterior a decisão acerca da força ou da eficácia de cada *ratio* ou norma adscrita invocada como precedente judicial no discurso jurídico". BUSTAMANTE, Thomas. *Teoria do precedente judicial. A justificação e a aplicação de regras jurisprudenciais.* Noeses: São Paulo, 2012, p. 276-277.

Sendo assim, é defensável a ideia de que o STF não está vinculado aos seus próprios precedentes, nem mesmo se eles tiverem sido decididos com base em argumentos de princípio, usando a terminologia de Dworkin? Uma das maiores dificuldades na argumentação com base em precedentes é a fixação de quais são as semelhanças e diferenças relevantes, no cotejo analítico entre caso passado e presente. Quando um precedente deve ser aplicado? Quando ele deve ser abandonado? Como se altera uma jurisprudência? Essas são questões que permeiam qualquer análise acerca das decisões judicias e serão enfrentadas em todos os capítulos deste livro, ainda mais quando se busca a superação de decisões por se reputar equivocadas, expediente desenvolvido nesta obra: um precedente formado em respeito às regras de competência constitucionais não deveria ser superado unicamente em face de mudanças valorativas, econômicas, sociais ou políticas, no seio da sociedade, pois está em jogo a separação e poderes e a possível formação de juízes soberanos, como estudado no capítulo I.

2. *Overrulling* e novo precedente formado contra a regra constitucional

Em se admitindo a vinculação da Corte aos seus próprios precedentes, tem-se a questão acerca da possibilidade eventual de superação dos mesmos. Levando em conta que não há qualquer regulamentação constitucional determinando que um precedente seja sempre observado, pelo contrário, é lícito admitir que pode haver mudança jurisprudencial. O CPC corrobora esse entendimento, ao admitir a possibilidade de mudança de enunciado de súmula, de jurisprudência pacificada ou de tese adotada em julgamento de casos repetitivos, exigido, unicamente: a) fundamentação específica e adequada; e b) observância dos princípios da segurança jurídica, proteção da confiança e isonomia[138].

---

[138] Art. 927. Os juízes e os tribunais observarão:

§ 4° A modificação de enunciado de súmula, de jurisprudência pacificada ou

Logo, o direito brasileiro admite a superação dos precedentes, prática denominada *overruling*. A questão é identificar quando e como isso pode acontecer, compatibilizando a vinculação do *stare decicis* com o *overruling*, pois "sem uma consistente teoria do overruling, tem-se um paradoxo: uma corte suprema deve seguir seus precedentes mas, em qualquer caso, pode superá-los"[139]. A vagueza da norma legal aponta para requisitos com fundamentação específica e adequada, proscrevendo a simples omissão na análise dos precedentes: se eles existem, devem ser analisados e enfrentados, especialmente se o intuito for de superação.

Uma teoria acerca da possibilidade de superação dos precedentes quando estes, apesar de coerentes não são íntegros, não merecendo força gravitacional, é sustentada, por exemplo, por Dworkin, conforme abordado a seguir. Essa é uma das formas apontadas pela doutrina para superação de um precedente: correção de um erro cometido no passado. Evidentemente, o erro deve ser justificado com base em algum parâmetro. Para Dworkin, trata-se da ofensa ao direito como integridade.

---

de tese adotada em julgamento de casos repetitivos observará a necessidade de fundamentação adequada e específica, considerando os princípios da segurança jurídica, da proteção da confiança e da isonomia.

139 A questão não é simples, levando a doutrina a apontar um verdadeiro mistério em torno do tema: "Stare decisis - a court's duty to follow precedents - sometimes gives way to a court's power to overrule them. en this should happen, however, is a mystery. We need a sound theory of overruling to unravel the mystery. But we simply do not have one.
The challenge for such a theory is to resolve a conflict between stare decisis and overruling. Both are vital to the legal system. Stare decisis fosters unity, stability, and equality over time. Overruling enables supreme courts to correct their past errors and to adapt the law to changing circumstances. Without a sound theory of overruling, a paradox results: A supreme court must follow its precedents but, in any case, it can overrule them". BURTON, J. Steven. *The conflict between stare decisis and overruling in constitutional adjudication.* Cardozo law review. Vol. 35:1687, 2014, p. 1687-1688.

Essa possibilidade de superação deve observar uma condição básica, lembrada pela doutrina como a "regra de ouro" do *overruling*: o precedente até então aplicável merece ser cuidadosamente analisado na nova decisão, não sendo correto, unicamente, sua desconsideração lateral[140]. De acordo com os precedentes analisados nos capítulos seguintes, é possível dizer que o STF se desincumbiu desse ônus: os precedentes que se buscara superar foram efetivamente analisados. Por outro lado, relembre-se o exemplo apresentado no final do capítulo anterior, no qual o STF desconsiderara, sem qualquer manifestação expressa, precedente firmado sobre o papel do AGU no controle concentrado. Não é possível, evidentemente, a partir desses exemplos, fazer uma afirmação generalizada sobre a prática do STF no tocante à mencionada "regra-de-ouro", exceto que nem todas as vezes ela é seguida.

A doutrina, ainda, aponta diversos fatores por meio dos quais as Cortes buscam justificar a alteração de um precedente, tais como: a) idade do precedente; b) sua inaplicabilidade prática; c) inadequação com os fatos do julgamento atual; e d) o precedente contém erro na aplicação de algum princípio, dentre outros, em extensa exemplificação não exaustiva proposta por Karl Llewellyn[141].

Ainda nessa empreitada em torno de esclarecer quando e como a Corte muda seu entendimento, é essencial o desenvolvimento de alguma análise acerca do comportamento do STF. O tema será aprofundado nos capítulos seguintes, quando as razões para mudança de entendimento nos casos do *status* dos tratados de direitos humanos, da admissão do controle judicial preventivo de constitucionalidade e do papel do Senado Federal no controle de constitucionalidade serão analisadas.

---

140 BUSTAMANTE, Thomas. *Teoria do precedente judicial. A justificação e a aplicação de regras jurisprudenciais.* Noeses: São Paulo, 2012, p. 388.

141 LLEWELLYN, Karl. *The common law tradition - deciding appeals.* Little, Brown and Company: Boston-Toronto, 1960, p. 77-87.

Por hora, basta uma simples apresentação geral, apontando que a Corte já mudou seu entendimento e, consequentemente sua jurisprudência e precedentes: a) diante de mudanças legislativas sobre o tema, acompanhando a evolução do direito, como no caso da nova definição de pobreza para fins de concessão de benefícios assistenciais[142]; b) diante de ausência de qualquer mudança legislativa no plano constitucional ou infraconstitucional, como no caso da fixação da perda do mandato parlamentar por infidelidade partidária[143] ou naqueles casos citado no parágrafo anterior; e c) diante da ausência de novas normas jurídicas, mas com o aprofundamento de conduta já reputada como inconstitucional pela Corte, como no caso da mudança nos efeitos do mandado de injunção, levando em conta a passagem de longo período de tempo de mora legislativa na regulamentação do direito de greve dos servidores públicos[144].

São as hipóteses citadas no item "b" que merecerão atenção neste e nos demais capítulos deste livro. Como uma Corte pode mudar sua jurisprudência sobre certo tema se não houve mudança alguma nas normas jurídicas regulamentadoras, nem aprofundamento de qualquer situação de fato já reputada pela Corte como inconstitucional? Todos os casos analisados nos capítulos seguintes encaixam-se no perfil da alínea "b": o caráter legal dos tratados de direitos humanos, a proscrição do controle de constitucionalidade judicial preventivo e o respeito ao papel no Senado no controle de constitucionalidade, sem a suspensão automática da lei após a decisão do STF no controle difuso eram as teses até então admitidas pelo STF quando, repentinamente passaram a ser questionadas.

Esse acontecimento ganha ainda mais importância quando se passa a analisar as razões utilizadas para superação dessas decisões,

---

142 RE 580.963. Relator Ministro Gilmar Mendes. 18/04/2013.

143 MS 26.602. Relator Ministro Eros Grau. 04/10/2007.

144 MI 712. Relator Ministro Eros Grau. 15/10/2007.

levando-se em conta que todos os casos estavam sendo previamente decididos com base em regras específicas previstas na Constituição. Como não é fácil contornar uma regra, os argumentos foram bem variados, como será estudado oportunamente em cada capítulo: a) recurso às normas constitucionais de outros sistemas jurídicos; b) uso extensivo da doutrina que sustenta o novo ponto de vista albergado pelo STF, mesmo tal doutrina já existindo quando da formação do precedente anterior; e c) utilização de princípios ou regras constitucionais não aplicáveis especificamente ao caso julgado, mas estendidos para se obter o resultado pretendido. Tais expedientes não encontram respaldo na Constituição, como será desenvolvido em cada capítulo.

3. *Overruling* a partir de leitura moral de regras constitucionais – a integridade do Direito em prol da manutenção do procedente

O sistema jurídico nacional consignou, expressamente, que os Tribunais devem manter sua jurisprudência íntegra, coerente e estável. Há referência expressa à integridade, como dito, justificando todo o estudo teórico em seguida efetivado, despontando a teoria de Dworkin como a mais autorizada para a interpretação do dispositivo, como sustenta Lenio Streck:

> A atenção que foi dispensada pelo atento relator na Câmara, Deputado Paulo Teixeira e o apoio inestimável de Fredie Didier e Luiz Henrique Volpe foram cruciais para o acatamento da minha sugestão de que o NCPC passasse a exigir 'coerência e integridade' da e na jurisprudência. Isto é: em casos semelhantes, deve-se proporcionar a garantia da isonômica aplicação principiológica. Trata-se da necessária superação de um modelo estrito de regras, sem cair no panprincipiologismo que tanto critico. Simples assim...e complexo.
>
> Antes de 'minha emenda', o projeto continha a obrigação de os tribunais manterem apenas a 'estabilidade' da

> jurisprudência (art. 882 do PLS 166/2010). Dizia eu: '– Não basta a estabilidade. Precisamos mais.' E propus a emenda.
>
> Assim, haverá coerência se os mesmos preceitos e princípios que foram aplicados nas decisões o forem para casos idênticos;
>
> (...)
>
> Já a integridade é duplamente composta, conforme Dworkin: um princípio legislativo, que pede aos legisladores que tentem tornar o conjunto de leis moralmente coerente, e um princípio jurisdicional, que demanda que a lei, tanto quanto possível, seja vista como coerente neste sentido. A integridade exige que os juízes construam seus argumentos de forma integrada ao conjunto do direito, constituindo uma garantia contra arbitrariedades interpretativas; coloca efetivos freios, através dessas comunidades de princípios, às atitudes solipsistas-voluntaristas[145].

A doutrina de Dworkin, assim, impõe-se como ponto de partida para a compreensão da integridade. Como visto no capítulo anterior, Dworkin aponta o equívoco judicial em torno da efetivação de leituras morais de dispositivos da Constituição que não sejam redigidos a partir de termos abertos e moralmente controvertidos. Relembre-se o pensamento do autor:

> É evidente que a leitura moral não é adequada para a interpretação de tudo quanto uma constituição contém. A Constituição norte-americana inclui muitos artigos e dispositivos que não são nem especialmente abstratos, nem vazados na linguagem dos princípios morais. O artigo II, por exemplo, especifica que o Presidente deve ter pelo menos trinta e cinco anos de idade; e a Terceira Emenda

---

145 STRECK, Lenio Luiz. *O que é isto – a exigência de coerência e integridade no novo Código de Processo Civil? In. Hermenêutica e jurisprudência no novo Código de Processo Civil. Coerência e integridade.* STRECK, Lenio Luiz; ALVIM, Eduardo Arruda; LEITE, George Salomão (orgs.). São Paulo: Saraiva, 2016, p. 157-158.

> estabelece que o Estado não pode aquartelar soldados nas residências de civis em tempos de paz. Este último dispositivo pode até ter sido inspirado por um princípio moral: os que o escreveram e homologaram podem, por exemplo, ter querido dar efeito a um princípio que protegesse o direito dos cidadãos à privacidade. Mas a Terceira Emenda não é em si mesmo um princípio moral: seu conteúdo não é um princípio geral da privacidade. (...) Dadas as palavras que utilizaram, não podemos, sem fugir da sensatez, pensar que eles estabeleceram um princípio moral qualquer, mesmo que acreditemos que foram inspirados por um tal princípio. Eles disseram o que as palavras que usaram normalmente serviriam para comunicar: não que a privacidade deve ser protegida, mas que os soldados não devem ser aquartelados em residências em tempo de paz[146].

Estabeleceu-se, assim, o equívoco do uso de sua teoria para aplicação de regras constitucionais, como aquelas concernentes à idade para alguém concorrer ao cargo de Presidente da República ou aquelas outras já citadas neste trabalho e enfrentadas nos capítulos seguintes. O que essa teoria pode nos ensinar sobre os precedentes e, mais especificamente, sobre a forma de revogá-los por meio do *overruling*? Este tópico aborda essa questão, sustentando que precedentes que interpretam regras constitucionais e as aplicam no seu sentido mais próximo do literal são decisões que respeitam a integridade do direito, merecendo serem mantidas, sendo incorreto o *overruling*.

Ronald Dworkin notabilizou-se como um dos mais influentes filósofos do direito do século XX a partir de seu famoso ataque ao positivismo jurídico desenvolvido por Herbert Hart. Não é objeto deste capítulo reconstruir o debate, mas, sim, analisar em que medida ele é necessário para o estudo dos precedentes. Nessa linha, é relevante o estudo dos argumentos de princípio e política desenvolvidos por

---

[146] DWORKIN, Ronald. *O direito da liberdade. A leitura moral da Constituição norte-americana*. Tradução de Marcelo Brandão Cipolla. São Paulo: Martins Fontes, 2006, p. 11-12.

Dworkin, especialmente quando se constata que um precedente só teria força gravitacional, a saber, a possibilidade de exercer influência sobre casos futuros, se formado a partir de uma argumentação com base em princípios, não com base em política[147].

Para o autor, o direito não é uma questão unicamente de regras, com supunha ser a tese desenvolvida por Hart, mas, sim, uma questão de princípio: levar o direito a sério é reconhecer que há padrões jurídicos para além das regras, compostos por princípios que devem ser considerados jurídicos. Esses princípios garantem que, em casos difíceis, os juízes decidam a questão controvertida sem criar novo direito e aplicá-lo retroativamente, a saber, sem qualquer exercício de um poder discricionário, admitido por positivistas como Hart, muito embora de maneira restrita aos casos em que há textura aberta e zona de penumbra na aplicação das normas jurídicas[148].

Dois argumentos justificam essa preocupação com a criação judicial do direito e a arbitrariedade que ela encerraria: a) segurança jurídica; e b) o respeito ao Estado de Direito. Por meio do argumento da segurança jurídica, argumenta-se que a admissão em torno da criação de novo direito quando do julgamento de um caso acarretaria insegurança às pessoas, eis que não teriam como antever o surgimento de novas obrigações jurídicas. Em relação ao argumento do Estado de Direito, ataca-se a possibilidade de agentes oficiais não eleitos como os juízes inovarem na ordem jurídica sem legitimidade popular para tanto[149]. Dworkin acredita, assim, que lutar contra a discricionariedade judicial é garantir segurança e respeito à democracia.

---

[147] DWORKIN, Ronald. *Levando os Direitos a sério*. Tradução de Nelson Boeira. São Paulo: Martins Fontes, 2010, p. 175-177.

[148] HART, Herbert L. A. *O conceito de Direito*. Tradução de Antônio de Oliveira Sette-Câmara. São Paulo: Martins Fontes, 2012, p. 161-176.

[149] DWORKIN, Ronald. *Levando os Direitos a sério*. Tradução de Nelson Boeira. São Paulo: Martins Fontes, 2010, p. 128-135.

Como fazer com que juízes decidam casos difíceis sem apelar para um poder discricionário, o qual atrairia as críticas elencadas no parágrafo anterior? A partir de uma argumentação baseada em princípios, não em políticas. Argumento de princípio é aquele que busca conferir algum direito individual ou a um grupo de pessoas. Argumento de política, por sua vez, é aquele que busca aumentar o bem-estar coletivo, perseguindo alguma meta social e economicamente relevante[150].

A garantia da presunção de inocência contra uma maioria que busca punição a qualquer custo é um exemplo de argumentação baseada em princípio[151]. A concessão de incentivos fiscais a certas empresas seria exemplo de prática baseada em argumentos de princípio. A argumentação por princípios teria como local mais adequado para desenvolvido o Poder Judiciário. A argumentação por política, o Poder Legislativo.

Não há como exigir coerência na política: uma lei que conceda incentivos fiscais a certo setor não pode ser utilizada por outro para pleitear a mesma política em seu favor. Considerações gerais econômicas acerca do bem estar podem justificar a oportunidade de tal discriminação. Nas Cortes a situação é diferente: estando em jogo um direito fundamental, uma decisão tomada com base em princípio merece ser seguida posteriormente pelos demais julgadores. Essa seria a consistência articulada do precedente: determinação de tratar os casos semelhantes de modo igual. A consistência articulada, por sua vez, só surgiria se o precedente tivesse força gravitacional, quando formado a partir de argumentos de princípio.

---

150 DWORKIN, Ronald. *Levando os Direitos a sério*. Tradução de Nelson Boeira. São Paulo: Martins Fontes, 2010, p. 128-132.

151 O exemplo é nosso, aproximando-se de outros trazidos por Dworkin no contexto dos direitos fundamentais do acusado no processo penal, referente a buscas domiciliares ilegais.

Argumentar com base em princípios, no entanto, é tarefa bastante complexa. Gradualmente, Dworkin vai desenvolver uma teoria capaz de justificar o direito a partir da atuação de um juiz que seria capaz de interpretar o direito na sua melhor luz, a quem denomina de Hércules. É a partir dele que o direito como integridade vai ser desenvolvido.

Direito como integridade parte da premissa de que direito não é somente aquilo prévia e expressamente posto nas convenções, como a lei, nem aquilo prospectivamente almejado pelo consequencialismo pragmático[152]. Quando o autor vai tratar do direito como integridade, por outro lado, ele inicia sua tese apontando a necessidade de as leis e não somente a decisão judicial, buscar o ideal de coerência. Ele critica, por exemplo, posturas do Legislativo que buscam soluções de compromisso na elaboração das leis, tentando aprovar leis de certo modo parciais: ao invés de conceder o exato direito que as pessoas acreditam que possuem, adotam soluções intermediárias, conciliando com interesses contrapostos. Para Dworkin, tal prática viola a integridade[153].

Direito é uma prática que busca identificar os princípios de moralidade política implícitos nas práticas sociais positivadas, princípios esses que estão na base da própria decisão dos membros de dada sociedade em assim viverem. O direito como integridade, assim, parte da premissa de que a sociedade organizou-se em bases fraternais, com cada membro demonstrando igual consideração e respeito aos demais[154].

---

152 DWORKIN, Ronald. *O império do Direito*. Tradução de Jefferson Luiz Camargo. São Paulo: Martins Fontes, p. 271.

153 DWORKIN, Ronald. *O império do Direito*. Tradução de Jefferson Luiz Camargo. São Paulo: Martins Fontes, p. 216-223.

154 DWORKIN, Ronald. *O império do Direito*. Tradução de Jefferson Luiz Camargo. São Paulo: Martins Fontes, p. 251-259.

Cabe ao juiz Hércules, um ideal teórico desenvolvido por Dworkin, identificar esses princípios a partir da construção de uma teoria jurídica que melhor justifique a prática social em questão e sirva, ainda, como um precedente para os casos futuros. Como, na prática, não há juízes com o tempo e sabedoria necessários para serem tachados como Hércules, o que se deve buscar, segundo a teoria de Dworkin, é a maior aproximação possível com tal modelo[155].

O direito como integridade é almejado por tal juiz, que não se contenta em somente tratar casos semelhantes de modo igual: esse seria o necessário conteúdo da coerência, mas incompleto. Necessário porque expressa uma concretização do princípio da igualdade. Incompleto porque, sem a devida atenção substancialista ou de conteúdo, poderia acarretar a igualdade entre os ilícitos, a saber, a coerência no erro. A integridade supera esses vícios, apontando que os precedentes merecem ser seguidos somente se justificarem uma decisão correta.

Veja-se o seguinte exemplo de Dworkin. Decisões judiciais que admitam a responsabilidade por negligência de diversos profissionais excluem a possibilidade de responsabilização dos advogados por fatos semelhantes. A coerência demandaria, assim, que um caso envolvendo responsabilidade de advogados fosse julgado improcedente. Afinal, os precedentes em casos semelhantes dispõem nesse sentido. Mas é correta a discriminação? Há fundamento jurídico para tanto? Essas são perguntas que vão além da mera coerência, perquirindo pela integridade do Direito: em não havendo justificativa, nada mais correto que abonar os precedentes que vedavam a responsabilização dos advogados, readequando-os à nova realidade[156].

---

[155] DWORKIN, Ronald. *O império do Direito*. Tradução de Jefferson Luiz Camargo. São Paulo: Martins Fontes, p. 294.

[156] DWORKIN, Ronald. *O império do Direito*. Tradução de Jefferson Luiz Camargo. São Paulo: Martins Fontes, p. 264.

Em síntese, tem-se que: a) levar os direitos a sério determinando compreender o papel que os princípios jurídicos apresentam na argumentação; b) os casos difíceis devem ser decididos com base em princípios, não em política; c) os precedentes assim formados apresentam força gravitacional capaz de gerar uma consistência decisória articulada, a saber, demandando decisões íntegras; d) coerência não é mesmo que integridade; e e) caberia a um juiz especialmente treinado construir uma teoria jurídica capaz de produzir decisões íntegras.

4. A manutenção do procedente e a relevância da coerência

Se um precedente encontra-se fundamentado constitucionalmente, quando, nos limites defendidos neste livro, é baseado numa regra de competência presumivelmente forte a ponto de afastar o particularismo das decisões baseadas unicamente na justificativa subjacente a ela, tem-se um forte argumento para sua manutenção. Eis a relevância da coerência no bojo dos precedentes: manter decisões corretamente tomadas, vencendo-se a tentação pela realocação de poder a partir da tomada de decisões particularistas. É necessário, assim, compreender em que medida o direito pode ser considerado como algo coerente e como tal característica pode se refletir nas decisões judiciais. Este tópico propõe uma leitura de Joseph Raz por meio da qual serão realçados mais os acordos do que os desacordos com Dworkin. Relembre-se que essa proposta de aproximação entre os autores, no bojo específico da decisão judicial, é possível a partir da abertura que Raz admite ao juiz no momento de decidir casos em que o direito não se apresenta assentado, exercitando argumentação jurídica semelhante à proposta por Dworkin na sua teoria da integridade.

Joseph Raz é tido como um dos principais filósofos do direito da atualidade, representante mais influente do positivismo jurídico excludente, teoria que busca identificar a natureza do direito de modo conceitual, sustenta a completa impossibilidade de a moral ser utilizada como critério para validade jurídica[157]. A construção parte da concepção do autor acerca do direito como pretensão de autoridade: a juridicidade busca prestar um serviço a todos aqueles submetidos ao direito, o qual consiste em elencar razões capazes de superar as razões individuais que cada um dispõe quando está diante de alguma tomada de decisão para agir. As razões jurídicas, denominadas de razões protegidas, superam as razões particulares existentes no "balanço" de razões para dirigir a ação de cada um[158].

Ora, essa pretensão das razões protegidas e da juridicidade somente poderia ser alcançada se ela não incorporar juízos morais: sua própria natureza é excluir o que cada um, subjetivamente, entender por correto ou certo. Só assim há razão para entender uma prática social dotada de autoridade.

Em estudo específico acerca da relevância da coerência para o direito, Raz vai continuar sua crítica às posições de Dworkin, após esclarecer como a coerência importa ao direito. Inicialmente, o autor critica o que denomina serem as teorias epistemológicas acerca da coerência: tratam-se de teorias que buscam justificar as crenças de cada um a partir do recurso a outras crenças, as quais, se forem compatíveis, estarão justificadas na exata medida em que são coerentes. Raz apresenta um exemplo: acredito que John tem interesse em ver Emily. Alguém me conta que viu John indo na casa de Emily. Minha crença no sentimento de John por Emily é justificada a partir de minha crença na ida dele à casa dela[159].

---

157 MARMOR, Andrei. Exclusive legal positivism. In: *The Oxford Handbook of jurisprudence and philosophy of law*. COLEMAN, Jules; SHAPIRO, Scott (orgs.). Oxford University Press: Oxaford, 2002, p. 104.

158 RAZ, Joseph. *Razão prática e normas*. Tradução: José Garcez Ghirardi. Rio de Janeiro: Elsevier, 2010, p. 27-40.

159 RAZ, Joseph. *Ethics in the public domain. Essays in the morality of law and politics*. Oxford: Clarendon Press, 1996, p. 281-282.

Qual a relevância disso para o direito? O próprio Raz reconhece que, com seu interesse no texto é jurídico, alguém poderia objetar acerca do seu acerto metodológico em iniciar o texto com considerações gerais desse tipo. A explicação dele, no entanto, é convincente: as teorias que buscam demonstrar que a coerência é uma questão de justificação de crenças não pode servir ao direito, pois o direito não é uma questão do que cada um acredita ser o correto[160].

Sustentando que muitas das teorias jurídicas da coerência não percebem que estão buscando justificar crenças jurídicas, o autor, de modo nada relativista, o que poderia surpreender alguns críticos do positivismo ainda centrados no ceticismo ético de Kelsen acerca da relatividade dos valores, declara abertamente: "se duas pessoas mantêm visões contraditórias sobre o direito americano, pelo menos uma delas está errada"[161]. Isso acontece porque o direito não decorre das crenças pessoais, mas, sim, de práticas sociais, não devendo, além disso, a coerência ser vista como a solução para todos os problemas jurídicos que ela alega resolver[162]. As teorias da coerência que interessam ao direito e constituem a base da tese de Raz são as teorias que denomina como constitutivas.

Teorias constitutivas da coerência são aquelas que não utilizam como base as crenças de cada um, como a crença acerca de alguma qualidade do direito americano ou brasileiro, mas, sim, uma base objetiva, como a lei ou a decisão judicial[163]. Raz justifica a opção por

---

160 RAZ, Joseph. *Ethics in the public domain. Essays in the morality of law and politics*. Oxford: Clarendon Press, 1996, p. 288.

161 Para Raz, as teorias epistemológicas são culpadas por exagerar demasiadamente o controle voluntário de cada um acerca de suas próprias crenças, sendo demasiadamente voluntaristas a ponto de elas próprias tornarem-se incoerentes. RAZ, Joseph. *Ethics in the public domain. Essays in the morality of law and politics*. Oxford: Clarendon Press, 1996, p. 286.

162 RAZ, Joseph. *Ethics in the public domain. Essays in the morality of law and politics*. Oxford: Clarendon Press, 1996, p. 286-287.

163 Idem, p. 288.

esta base e não por proposições jurídicas que refletissem as crenças de cada um acerca do direito: se a base para a análise da coerência fossem as proposições, como aquela utilitarista que sustenta que "de acordo com o direito, deve-se maximizar a felicidade do maior número de pessoas", ter-se-ia um todo principiológico coerente, mas distante da realidade, pois, na prática, o direito não se apresenta assim[164].

Na verdade, nem mesmo a moral teria toda essa coerência que se imagina, sendo importante a leitura do seguinte trecho, essencial para o início da compreensão da crítica de Raz às teorias morais do direito ou mesmo à concepção global de coerência:

> De fato, a moralidade não é um sistema ou um corpo coerente de princípios. Ela contém, certamente, bolsões de coerência, e é consistente. Mas ela consiste numa grande quantidade de princípios os quais não derivam de uma fonte comum nem são capazes de se ajustar num sistema uniforme ou num sistema no qual princípios são mutualmente apoiados e interdependentes[165].

O voluntarismo das teorias epistemológicas, na visão de Raz, é incompatível com a própria empreitada em busca da natureza do direito, que é algo independente da visão pessoal que cada um tenha acerca dessa própria natureza. O direito não é, logicamente, independente da atuação humana, mas a inquirição ontológica é independente das crenças que cada um compartilha sobre a essência da juridicidade[166]. A base de análise, assim, tem de ser objetiva, ou seja, a mesma para todas as pessoas.

---

[164] Idem, p. 289.

[165] Idem, p. 298. "In fact, morality is not a system or a coherent body of principles. It contains, to be sure, pockets of coherence, and it is consistent. But it consists of a large number of principles which neither derive from a common source nor are capable of fitting into a uniform system or a system whose principles are mutually supportive and interdependent".

[166] Idem, p. 289.

Essas são premissas necessárias para compreensão da teoria da coerência de Raz. Sua tese central é de que a coerência não pode ser considerada como algo global, a saber, como se todo o sistema jurídico fosse visto como um todo coerente. Ele continua seu texto buscando refutar, justamente, o que denomina de compreensão global da coerência, para, ao final, sustentar uma tese local da coerência.

O que ele denomina de coerência global no direito? A tese de que o direito, como sistema jurídico, deveria ser compreendido como algo coerente. Raz investiga, por exemplo, se há um argumento para a interpretação radical da coerência, a partir das ações, crenças e desejos/intenções das pessoas, como manifestações de práticas sociais, relembrando-se que o direito corresponde a essas práticas. Ele constrói o argumento da seguinte forma: somente compreendemos uma ação humana quando conhecemos as intenções/desejos e crenças daquele que a pratica. Ocorre que tais atributos são interdependentes: "o que uma pessoa faz depende do que ela acredita e deseja, o que ela deseja depende das ações que faz e do que ela acredita e o que ela acredita depende de seus desejos e ações". Se esses atributos compreendem práticas sociais e se eles são interdependentes, coerentes entre si, o direito com um todo também seria coerente. Ele critica essa conclusão como verdadeiro *non sequitur*: da premissa de que tais práticas sociais são coerentes não pode decorrer que o direito seja globalmente coerente[167]. Isso porque "o que o direito é resulta de atividades de múltiplas pessoas, e das interações entre eles, ao longo de muitos anos, às vezes de muitos séculos"[168]. Ora, não se pode exigir coerência em ações, crenças e desejos num empreendimento que envolve tantas pessoas através do tempo como o direito[169].

---

[167] Idem, p. 292.

[168] Idem, p. 292.

[169] Idem, p. 292.

A teoria de Raz leva a política a sério ao analisá-la de modo realista: ele reconhece que muitos sistemas jurídicos podem apresentar uma política que cria o direito de modo desordenado e turbulento, mas nem por isso as pessoas deixarão de aceitar como vinculante tal direito[170]. Em outras palavras, elas podem continuar aceitando a autoridade mesmo diante da incoerência. Logo, a coerência, novamente neste sentido global, não pode ser tida como característica essencial ao direito.

Sendo a pretensão de autoridade o que caracteriza o direito, "não há razão para almejar que o direito seja coerente. Quando muito, poder-se-ia esperar que ele seja coerente em partes - em áreas relativamente não afetadas por lutas políticas contínuas - e incoerente em outras"[171]. Eis os exemplos de Raz: poderia se esperar coerência nas regras acerca da responsabilidade criminal ou condições mentais dos acusados, mas não naquelas que regulamentam o aborto[172].

A coerência na decisão judicial demanda que uma Corte, quando decida um caso, utilize o precedente na sua argumentação do caso posterior. Raz admite que a coerência, no bojo da decisão judicial, pode se compatibilizar com a teoria da autoridade: num primeiro momento decisório, caberia ao juiz analisar os direitos *prima facie* invocados pelas pessoas, a partir da base autoritativa que ele dispõe, como a lei, para, em seguida, as considerações acerca da coerência entrarem em jogo. Para ele, assim, é desse modo sucessivo que a coerência deve operar no bojo da tomada da decisão: "considerações sobre autoridade são devidas no primeiro momento, estabelecendo qual é o direito assentado. A resolução do conflito entre

---

170 Idem, p. 298-299.

171 Idem, p. 300.

172 Idem, p. 300.

as razões *prima-facie* estabelecidas pelo direito assentado é o âmbito da coerência"[173].

Esta passagem é bastante significativa para justificar a argumentação judicial defendida neste trabalho, quando o juiz está diante de regras de competência: ora, tais normas são direito assentado, na nomenclatura de Raz, não existindo dúvidas quanto ao conteúdo da prescrição. Pode ser que o juiz não concorde, pessoalmente, com determinada regra ou imagine que sua aplicação leve a resultados absurdos[174]. No entanto, é uma questão de autoridade identificar o direito assentado e aplicá-lo de modo coerente: se os precedentes apontam para o respeito à regra de competência e não houve alteração formal por parte do Legislativo, os precedentes merecem ser observados, não superados.

Na penúltima parte do texto, Raz retoma o tema central do ensaio para apontar qual seria a relevância da coerência para o direito. Ele reafirma que a coerência tem um papel local na juridicidade, pois as teorias globais: a) não conferem atenção especial ao pluralismo na sociedade, dotadas de amplas divergências sobre temas controversos, como o aborto, como ele mesmo citou anteriormente; b) as teorias da coerência são tentativas de idealizar o direito para além da realidade da política, que deixa o direito desordenado[175].

Em síntese, pode-se apontar que: a) as teorias epistêmicas da coerência não são juridicamente aceitáveis, eis que utilizam como base

---

[173] É nessa linha que o autor sustenta que a força vinculante do direito assentado deriva da doutrina da autoridade, utilizando-se a doutrina da coerência somente quando o direito assentado não provê uma decisão definitiva: "Considerations of authority are given their due in the first stage, in establishing what is the settled law. The resolution of the conflict among the prima-facie reasons established by settled law is the province of coherence." Idem, p. 302.

[174] Como será estudado nos capítulos seguintes, nenhum dos casos analisados albergariam resultados absurdos, caso a regra de competência fosse aplicada a despeito de seus propósitos justificadores.

[175] Idem, p. 314.

do teste de coerência as crenças subjetivas justificadas das pessoas sobre o que entendem ser o direito; b) a coerência no direito não é um fim em si mesmo ou a características distintiva da juridicidade, devendo ser compatibilizada com a autoridade; e c) tal compatibilização é possível, funcionando a doutrina da autoridade para identificação do direito assentado e, em seguida, a coerência para fixação da decisão com a superação do balanço das razões entre os direitos *prima-facie* previstos.

Diante de toda a explanação efetivada neste capítulo, pode-se concluir, em resposta à indagação posta no início, que um precedente que aplique regra de competência constitucional somente deveria ser modificado caso fossem efetivadas alterações jurídicas nas normas de competência, com a aprovação de emendas constitucionais respectivas. Não há espaço para leituras morais no bojo de interpretação de regras que não veiculem princípios de moralidade. Logo, uma decisão judicial que respeite a regra pode ser considerada correta, merecendo ter força gravitacional capaz de vincular novos casos, tornando a observância e não a superação do precedente como algo correto. Assim, considerações em torno de questões como idade do precedente ou mudanças valorativas, econômicas, sociais ou políticas, no seio da sociedade, deveriam ser irrelevantes para o *overruling* de precedentes desse tipo, ante a possibilidade de concentração de poder e usurpação de competência.

III

CONTROLE DE CONVENCIONALIDADE E A EXCEPCIONALIDADE EM TORNO DA SUPRALEGALIDADE DOS TRATADOS DE DIREITOS HUMANOS

Objeto do controle de constitucionalidade é a lei ou ato normativo apontado como inconstitucional, a saber, o qual sofrerá o escrutínio acerca de sua compatibilidade ou não com a Constituição, bem como os fatos jurídicos conexos a tais atos, como a própria ausência de ato normativo, caracterizadora da inconstitucionalidade por omissão. O parâmetro de controle, por sua vez, é composto pelas normas de referência, as quais servirão como referencial para tal análise.

O estudo do parâmetro de controle demanda a investigação sobre o conceito de bloco de constitucionalidade[176], consistindo este no conjunto de todas as normas que podem servir de base comparativa

---

[176] Canotilho aponta os possíveis conteúdos do bloco de constitucionalidade: "(1) o parâmetro constitucional equivale à constituição escrita ou leis com valor constitucional formal, e daí que a conformidade dos actos

para o controle de constitucionalidade. Por sua vez, pode-se compreender o controle de convencionalidade como aquele cujo parâmetro de controle é algum tratado ou convenção internacional, como aqueles que dizem respeito aos direitos humanos. O objetivo deste capítulo é analisar se os tratados de direitos humanos possuem um *status* capaz de colocá-los nessa posição de superioridade em relação à legislação ordinária, convertendo-os, assim, em parâmetro de controle de convencionalidade. Sustentar-se-á que o alargamento do bloco de constitucionalidade para incluir tratados de direitos humanos numa suposta condição supralegal é tese excepcional, não decorrendo das regras constitucionais de competência.

Para tanto, vai proceder ao estudo do RE nº 466.343/SP[177], no qual foi firmada a tese acerca do caráter supralegal dos tratados de direitos humanos mesmo que não internalizados no sistema jurídico brasileiro nos termos do art. 5º, § 3º, da Constituição[178]. Assim, ter-se-ia um *status* supralegal mas não equiparável à Constituição ou às emendas constitucionais, restando aqueles tratados alocados entre a legislação ordinária e a Constituição.

---

normativos só possa ser aferida, sob o ponto de vista de sua constitucionalidade ou inconstitucionalidade, segundo as normas e princípios escritos da constituição (ou de outras leis formalmente constitucionais); (2) o parâmetro constitucional é a ordem constitucional global, e por isso, o juízo de legitimidade constitucional dos actos normativos deve fazer-se não apenas segundo as normas e princípios escritos das leis constitucionais, mas também tendo em conta princípios não escritos integrantes da ordem constitucional global". CANOTILHO, J.J. Gomes. *Direito constitucional e teoria da constituição.* 7ª ed. Coimbra: Editora Almedina, 2003, p. 919.

177 Relator Ministro César Peluso. DJE 05/06/2009.

178 Com o advento da emenda constitucional nº 45, criou-se o citado §3º ao art. 5º da Constituição, o qual estipula que: "os tratados e convenções internacionais sobre direitos humanos que forem aprovados, em cada Casa do Congresso Nacional, em dois turnos, por três quintos dos votos dos respectivos membros, serão equivalentes às emendas constitucionais."

Este capítulo vai demonstrar que a tese lançada no RE 466.343 é inconstitucional[179], sustentando-se que os tratados de direitos humanos não internalizados com as formalidades previstas no art. 5º, § 3º, da Constituição possuem *status* de lei ordinária. Logo, não teriam o condão de ampliar o bloco de constitucionalidade. Assim, a questão do texto parte da interpretação dos dispositivos constitucionais que: a) admite a inclusão de direitos e garantias fundamentais não expressamente previstos na Constituição, mas constantes, por exemplo, de tratados de direitos humanos celebrados pela República Federativa do Brasil (art. 5º, § 2º); b) equipara tais tratados às emendas constitucionais, quando aprovados com as mesmas formalidades destas (art. 5º, § 3º); c) atribui competência ao Congresso Nacional para deliberar sobre tratados (art. 49, I), uma vez celebrado tal acordo pelo Presidente da República (art. 84, VIII); e d) permite a declaração de inconstitucionalidade sobre tratados, ao reconhecer tal situação como hipótese para interposição de recurso extraordinário (art. 102, III, "b").

É a partir, portanto, da análise de tais dispositivos constitucionais que será possível analisar o erro em torno da tese firmada pelo STF no RE 466.343/SP, ao estipular que tratados de direitos humanos referendados pelo Congresso Nacional possuiriam, automaticamente, a qualidade de normas supralegais. A superação das regras de competência que apontam para o *status* ordinário dos tratados de direitos humanos efetivada pelo STF segue a linha argumentativa

---

[179] Para além da inconstitucionalidade, questões relacionadas às possíveis incoerências e dificuldades na implementação judicial do princípio *in dubio pro homine* poderiam ser elencadas, como introdutoriamente elencado por Ulisses Levy Silvério dos Reis no contexto de sanções previstas, por exemplo, na lei de improbidade administrativa e rechaçadas por tratados de direitos humanos. REIS, Ulisses Levy Silvério; FERREIRA, Emanuel de Melo. *Há lugar para a hierarquia supralegal dos tratados de direitos humanos na Constituição Federal de 1988?: notas sobre a interpretação do Supremo Tribunal Federal no Recurso Extraordinário n. 466.343/SP*. In: *Revista de Direitos Humanos em Perspectiva*, v. 4, p. 45, 2019.

apontada no capítulo anterior, compondo uma confusa sequência de argumentos que alberga doutrina, legislação estrangeira e alegação genérica a princípios, como será demonstrado.

Sustentar que os tratados de direitos humanos não possuem um *status* supralegal é uma tese que pode parecer, para muitos, como conservadora ou equivocada por não proteger adequadamente tais direitos. Essa crítica parte de uma premissa errônea, a qual supõe que tais tratados sempre promoveriam uma maior proteção aos direitos das pessoas, tendo uma qualidade mais notável que a legislação ou a Constituição de determinado Estado. Isso não ocorre sempre: tratados como o de Roma, que estabelece as regras acerca da organização do Tribunal Penal Internacional, prevê, por exemplo, institutos como o da entrega[180] de nacionais para persecução penal, enquanto a Constituição brasileira veda a extradição de brasileiros natos. Logicamente, a saída para a doutrina que defende essa suposta qualidade inata do direito internacional dos direitos humanos é sustentar uma suposta diferença entre os institutos da entrega e da extradição. A diferenciação não é suficiente para afastar a menor proteção conferida ao ser humano no plano internacional neste caso.

1. A posição dos tratados de direitos humanos na Constituição Federal de 1988

A Constituição Federal de 1988 dispõe de alguns dispositivos, como os mencionados anteriormente, por meio dos quais é possível apontar, com segurança, que os tratados de direitos humanos que não se submetam ao procedimento previsto no art. 5º, § 3º, possuem *status* de lei ordinária, como preconizados pelo legislador constituinte. A intepretação das regras elencadas nos arts. 47, 49, I, 59, VI, e 84, VIII, e 102, III, "b", dentre elas regras de competência do Congresso

[180] Art. 59 do Estatuto do Tribunal.

Nacional e do Presidente da República, autorizam a sustentação que ora se busca fazer.

De acordo com o art. 84, VIII, tem-se que é papel do Presidente da República celebrar tratados, os quais devem ser referendados pelo Congresso Nacional. O art. 49, I, por sua vez, aponta que é competência exclusiva do Congresso Nacional resolver definitivamente sobre tratados. O quórum para tal deliberação é essencial para a compreensão do *status* normativo de tais atos e ele corresponde à maioria simples, pois, nos termos do art. 47, tem-se que, salvo disposição constitucional em sentido contrário, as deliberações de cada Casa no Congresso serão tomadas por maioria de votos, presentes a maioria absoluta dos respectivos membros. Logo, como não há exceção constitucional ao quórum para referendo de tratados de direitos humanos, a menos que se queira atribuir-lhes *status* de emenda constitucional, tem-se que a maioria simples é suficiente para sua aprovação.

Ora, em sendo aprovados por ato exclusivo do Congresso Nacional, o ato que formaliza tal procedimento é o decreto legislativo, nos termos do art. 59, VI, ato normativo de natureza primária que retira seu fundamento de validade da Constituição. Como, repita-se, tal ato foi aprovado por maioria simples, ele possui o mesmo *status* da lei ordinária. Não bastasse isso, o art. 102, III, "b", autoriza o controle de constitucionalidade difuso sobre tratados, incluindo aqueles versando sobre direitos humanos, eis que admite como hipótese de cabimento do recurso extraordinário a declaração de inconstitucionalidade em face deles.

Evidentemente, há diversas críticas formuladas pela doutrina especializada[181] em torno de construção acima efetivada, especialmente partindo do art. 5°, § 2º, o qual admite a existência de direitos fundamentais implícitos, decorrentes, por exemplo, dos tratados

[181] PIOVESAN, Flávia. *Direitos Humanos e o Direito Constitucional Internacional*. 14ª ed., rev. e atual. São Paulo: Saraiva, 2013, p. 107-145.

celebrados pela República Federativa do Brasil. Essa questão será enfrentada adiante.

É certo que nenhuma regra constitucional, expressamente, atribui *status* de lei ordinária ou supralegal aos tratados. A Constituição, nesse ponto, foi silente. O que se sustenta é que há muito mais argumentos em prol da tese da legalidade do que da supralegalidade, como restará ainda mais claro após a análise da argumentação judicial sobre o caso.

2. A posição dos tratados de direitos humanos na jurisprudência do STF

Os tratados são fontes do direito internacional, podendo regulamentar as mais diversas matérias, dentre elas os direitos humanos. O ordenamento jurídico brasileiro regulamenta como um tratado pode ser celebrado e internalizado e, desde a década de 1970[182], a jurisprudência do Supremo Tribunal Federal considerava que os tratados ratificados pelo Brasil, independente da matéria neles versada, possuíam equivalência normativa equivalente à da legislação ordinária. Mesmo os julgamentos realizados após a promulgação da Constituição Federal de 1988 acerca da (im)possibilidade de prisão civil do depositário infiel consagraram igual entendimento, o que se modificou com a apreciação do RE 466.343/SP.

O presente capítulo, como dito, apresenta uma crítica à decisão do STF proferida no RE 466.343/SP, sustentando-se que a Constituição não admite a tese acerca da supralegalidade dos tratados de direitos humanos. Em tal recurso, analisava-se se o contrato de alienação fiduciária em garantia poderia ser equiparado ao de depósito inclusive

---

182 Para ficar em alguns exemplos, pode-se mencionar os Recursos Extraordinários 71.154/PR, relatado pelo Min. Oswaldo Trigueiro, e 80.004/SE, relatado pelo Min. Xavier de Albuquerque, ambos julgados, respectivamente, em 04/08/1971 e 01/06/1977.

para fins de admissão da prisão por dívida. Não se tratava, portanto, de um típico contrato de depósito.

Há certa dificuldade em comentar criticamente a jurisprudência do STF tendo em vista a quantidade de fundamentos às vezes divergentes elencados por ministros, mesmo quando chegam a uma mesma conclusão. De todo modo, o voto mais influente a ser analisado é do Min. Gilmar Mendes, pois: i) enquanto o relator, Min. César Peluso, ateve-se às necessárias diferenciações entre os contratos de alienação fiduciária em garantia e depósito, foi Gilmar Mendes quem primeiro apresentou as considerações em torno do caráter supralegal; e ii) os demais ministros, de um modo geral, seguiram brevemente as considerações do Min. Gilmar, sem apresentar maiores fundamentações, com exceção do Min. Celso de Melo, que defendia a tese em torno da constitucionalidade de tais tratados.

Eis um breve roteiro dos argumentos lançados no voto do Min. Gilmar Mendes: i) introdução doutrinária e jurisprudencial acerca dos possíveis *status* dos tratados de direitos humanos; ii) necessidade de mudança jurisprudencial no STF tendo em vista "a abertura cada vez maior do Estado constitucional a ordens jurídicas supranacionais", recorrendo-se à doutrina de Peter Härbele e às diversas constituições de outros países para justificar sua tese; iii) menção aos arts. 4º, 5º §§ 2º, 3º e 4º da Constituição Federal de 1988 como premissas para o entendimento acerca da supralegalidade e da mudança jurisprudencial; iv) análise da prisão civil do devedor fiduciante à luz do "princípio" da proporcionalidade; e v) conclusão, apontando a tese já citada e a necessária revisão da jurisprudência.

As questões a serem suscitadas são: a) no RE 466.343/SP, era realmente necessária a abordagem acerca do *status* dos tratados de direitos humanos?; b) a doutrina, por si só, pode influenciar na alteração da jurisprudência mesmo contra a Constituição?; c) as Constituições de outros Estados podem justificar a mudança jurisprudencial?; e d) os dispositivos da Constituição Federal mencionados são suficientes para fundamentar a conclusão acerca da supralegalidade dos tratados de direitos humanos e da consequente "eficácia paralisante" deles? A análise detalhada de tais pontos demonstrará se a judicialização da questão foi resolvida de modo ativista ou não, criando-se uma exceção injustificada ou não.

Para o enfrentamento dos questionamentos tem-se como imprescindível a compreensão da judicialização e do ativismo judiciais, a fim de analisar, posteriormente, a qualidade da decisão do STF, nos precisos limites da investigação levada a cabo neste livro: se situações excepcionais não justificadas foram criadas unicamente para afastar regras de competência, tem-se uma inconstitucionalidade capaz de contribuir para a configuração de estado de exceção judicial, por concentrar poder no órgão que deveria velar pelo seu controle.

3. Judicialização e ativismo na tese da supralegalidade dos tratados de direitos humanos

Qual a relação entre a discussão acerca da supralegalidade dos tratados de direitos humanos e os conceitos de judicialização, ativismo e discricionariedade judiciais? É realmente necessário abordá-los? A tese sustentada neste tópico aponta que a ideia acerca da supralegalidade é fruto de leitura pós-positivista da Constituição, no sentido de que se buscou, a partir de recurso a certa compreensão dos princípios jurídicos, justificar a superação de regras igualmente constitucionais que apontam com segurança que a qualidade de tais tratados, quando internalizados sem as formalidades típicas das emendas constitucionais, é de nível legal. Ora, para entender tal raciocínio desenvolvido pelo STF, então, deve-se compreender em que consiste adotar uma postura ativista, posição desenvolvida neste caso.

O ativismo judicial não deve ser confundido com a mera judicialização[183]. A judicialização corresponde à provocação feita perante o

---

183 OLIVEIRA, Rafael Tomaz de; FARIA, Bruno Costa de; CURTOLO, Cristiane Maria de Lima; TEODORO, Leandro; VELUDO, Michele Seixas; PEREIRA, Joaquim Eduardo. A jurisdição constitucional entre a judicialização e o

Poder Judiciário para que ele exerça jurisdição sobre determinada questão. Como corolário do direito fundamental de ação e levando em conta que a Constituição brasileira é analítica, regulamentando diversas questões, bem como a quantidade de leis sobre os mais variados assuntos, tem-se que a judicialização é uma consequência prática de tal estado de coisas. No caso em análise, o Banco Bradesco S/A judicializou questão buscando a prisão de indivíduo que celebrara contrato de alienação fiduciária em garantia, defendendo que tal contrato poderia ser equiparado ao contrato de depósito justamente para se admitir tal prisão, nos termos do art. 5º, LXVII, da Constituição. Perceba-se que, por si só, a judicialização não é prática que viola a Constituição, muito pelo contrário.

O ativismo, por outro lado, corresponde ao ato de vontade de juízes em decidir a questão judicializada sem o necessário respeito ao direito positivo, seja em nível legal ou constitucional. Trata-se, portanto, de postura que vai influir na fundamentação da decisão judicial e na sua consequente conclusão e, ao criar direito contra a norma jurídica posta, viola, necessariamente, diversos dispositivos constitucionais, tais como aqueles que elencam: i) a separação de Poderes (art. 2º); ii) a competência do Presidente da República (art. 84); e iii) a competência do Congresso Nacional (art. 49). No caso em análise, o STF firmou a tese acerca da supralegalidade mesmo sem qualquer dispositivo constitucional nesse sentido, contrariando regras que muito mais claramente apontam o caráter legal de tais tratados. Logo, houve judicialização e ativismo.

A discricionariedade judicial, por sua vez, será abordada com mais detalhes adiante. Neste momento, deve-se delimitar seu sentido para sustentar que se trata de postura por meio da qual os juízes criam direito quando as normas jurídicas assim admitem, tendo em

ativismo: percursos para uma necessária diferenciação. In: *Simpósio Nacional de Direito Constitucional*, 10., 2012. Curitiba. Anais do X Simpósio Nacional de Direito Constitucional. Brasil: Academia Brasileira de Direito Constitucional (ADBConst), 2012, v. 01, p. 266-306.

vista a textura aberta delas (quando utiliza, por exemplo, expressões vagas como "razoável" ou "justo"). Através desse poder discricionário, o juiz recorre aos padrões não jurídicos para resolver uma questão posta. Este texto sustenta que o ativismo judicial não é causado pela discricionariedade no sentido aqui explicitado, mas, sim, pelo mero arbítrio judicial. O arbítrio é a tomada de decisão pelo juiz criando direito mesmo quando não há textura aberta.

É necessário esclarecer o conceito de direito para que se tenha a correta compreensão do que se afirmou no parágrafo anterior acerca do ativismo. A afirmação antes posta, no sentido de que o ativismo viola a Constituição porque a fundamentação da decisão judicial não leva em conta o direito posto, demanda, necessariamente, a caracterização do que se entende por direito e por normas jurídicas. Eis a permanente questão fundamental acerca do fenômeno jurídico: o que é direito? É a partir do enfrentamento breve desta questão que será possível esclarecer a relação entre ativismo judicial e discricionariedade.

Carlos Santiago Nino[184] aponta, didaticamente, a importância acerca da compreensão sobre o conceito de direito ao apresentar caso hipotético envolvendo três juízes que deveriam julgar nazistas após a Segunda Guerra Mundial. No exercício proposto: i) o juiz com maior inclinação positivista absolve; ii) aquele com visão mais jusnaturalista condena; e iii) o terceiro, com postura que alguns chamariam de "pós-positivista", igualmente condena, mas utilizando fundamentos diversos dos anteriores, criticando, em parte, ambas as concepções pretéritas. Eis a importância prática de tal estudo teórico, ainda mais quando se está diante, como no presente texto, de uma crítica justamente às decisões judiciais.

Partindo-se da compreensão de que direito é a união de regras primárias e secundárias, sendo as primeiras normas de conduta

---

[184] NINO, Carlos Santiago. *Introdução à análise do Direito*. Tradução de Elza Maria Gasparotto. São Paulo: Martins Fontes, 2015, p. 19-30.

("não matar", por exemplo) e as segundas normas que dispõem sobre as primeiras, elencando como elas são criadas, modificadas e aplicadas judicialmente, reconhece-se que somente uma fonte social pode criar direito. Por fonte social entenda-se a atuação de legisladores ou juízes a partir da aceitação de uma norma secundária denominada por Hart como "norma de reconhecimento". É por meio dela que o direito pode ser identificado, diferenciando-se normas jurídicas de normas de outros ordenamentos, como a moral[185].

Mas juízes não podem dizer qualquer coisa sobre as normas jurídicas. É importante ressaltar que mesmo um positivista como Hart não adota postura cética em relação às normas jurídicas, pois repele padrões típicos do realismo jurídico, os quais compreendem o direito como aquilo que os tribunais dizem que é[186]. O que Hart admite é que as normas jurídicas, necessariamente e em algum momento, apresentaram o que denominou de textura aberta, no sentido de que expressões linguísticas vagas tais como "justo", "razoável" ou "manifestamente" devem, realmente, serem preenchidas através da discricionariedade judicial. Perceba-se, assim, que não se trata da admissão de um nível de criação judicial como aquele sustentado por Kelsen no seu famoso escrito sobre interpretação, já que, para este, o juiz poderia até ultrapassar a moldura normativa[187].

Algum nível de discricionariedade e criação judiciais do direito, assim, são inevitáveis levando em conta a própria vagueza da norma jurídica e do trabalho do Poder Legislativo. Logo, não se pode concordar com Dworkin quando este sustenta que, através dos princípios jurídicos, seria possível superar a discricionariedade judicial. Dworkin desenvolveu influente ataque ao positivismo de Hart,

---

185 HART, H. L. A. *O conceito de Direito*. Trad. de Antônio de Oliveira Sette-Câmara. São Paulo: Martins Fontes, 2012, p. 129-142.

186 Idem, p. 176-183.

187 KELSEN, Hans. *Teoria pura do direito*. Tradução de João Baptista Machado. São Paulo: Martins Fontes, 2006, p. 387-395.

sustentando que o Direito não era levado a sério pelos positivistas precisamente por concebê-lo como um modelo de regras. Um dos seus ataques refere-se, justamente, à admissão da discricionariedade judicial por parte das correntes positivistas[188].

Para Dworkin, é autoritária a visão de que o juiz pode criar obrigações jurídicas recorrendo a padrões que não seriam jurídicos, como admitem os positivistas no caso, pelo menos, das normas de textura aberta. Dworkin disserta sobre três manifestações da discricionariedade, apontando que só há razão de ser na sua análise a partir da constatação de situações em que uma autoridade precisa decidir algo tendo alguma norma ou ordem superior que busque, de algum modo, regulamentar a decisão a ser tomada. Num primeiro sentido, que elenca como "fraco", a discricionariedade seria de algum modo mitigada a partir de alguma restrição posta na ordem superior. Por exemplo, ordem dada por superior para que subordinado escolha seus cinco homens mais experientes para determinada missão. Perceba-se que a opção, apesar de aberta, possui algum nível de restrição relacionada à experiência. Num segundo sentido, igualmente caracterizado por ele como "fraco", há discricionariedade quando uma autoridade decide por último determinada questão sem possibilidade de revisão por outrem. É o que ocorre, por exemplo, com decisões de última instância nos tribunais. É num terceiro sentido reputado como "forte", no entanto, que Dworkin concentra seu ataque, caracterizando tal manifestação da discricionariedade a partir da ausência daquela restrição na ordem emanada. Ocorreria, por exemplo, quando o superior determinasse que seu subordinado escolhesse somente cinco oficiais de sua livre escolha para a tarefa. Ausente o limite em torno da experiência, haveria discricionariedade no sentido forte[189].

---

188 DWORKIN, Ronald. *Levando os Direitos a Sério*. Tradução de Nelson Boeira. São Paulo: Martins Fontes, 2002, p. 28.

189 Idem, p. 50-63.

Para Hart, seria o caso de se recorrer aos padrões não jurídicos para resolver a questão, já que a norma em si, ante sua textura aberta, não regulamentaria o conflito. Para Dworkin, a decisão é jurídica, devendo o juiz recorrer aos princípios que fazem parte do direito. Como superar a divergência?

Joseph Raz, orientando de Hart na Universidade de Oxford, foi um dos primeiros que controverteu com Dworkin após este lançar sua primeira crítica ao positivismo hartiano. Raz aponta que um dos equívocos de Dworkin é supor que, através dos princípios, a discricionariedade judicial seria superada, não havendo, portanto, um teste típico como aquele demandado pela regra de reconhecimento para se fixar os limites do Direito, delimitando-se o que seria jurídico daquilo que não seria. Os princípios não teriam a capacidade de superar a discricionariedade judicial, pois, pelo contrário, eles pressuporiam a existência dela, servindo como um guia e direção para a melhor decisão possível:

> O que é 'injusto' ou 'para o bem geral' é uma questão de opinião e as cortes ou agentes públicos respectivos são instruídos pelo direito a agir de acordo com suas próprias perspectivas. O direito não impõe sua própria visão de justiça ou bem comum. Ao invés disso, deixa a questão à discricionariedade das cortes e de tais agentes. Muitos dos princípios governando a ação das cortes e do executivo são princípios discricionários. Tais princípios, longe de provarem a ausência de discricionariedade judicial, são manifestações de uma política jurídica através da qual se confia e se utiliza a discricionariedade judicial e administrativa a fim de que se aumente a flexibilidade do direito e se aprimore os procedimentos para sua constante revisão ao se deparar com mudanças nas circunstâncias e nas opiniões. Devemos concluir que os princípios jurídicos não excluem a discricionariedade judicial; eles pressupõem sua existência para direcioná-la e guiá-la.[190]

---

[190] No original: "What is 'unjust' or 'for the general good' is a matter of opinion and the courts or officials concerned are instructed by law to act on their own views. The law does not impose its own views of justice or the common good. Rather, it

Perceba-se que mesmo um positivista como Raz admite a possibilidade de existência de princípios num determinado sistema jurídico. Na sua visão, até mesmo formulações como a de John Austin, através da qual o Direito seria ordens de um soberano, não seriam capazes de excluir os princípios, pois a ordem emitida poderia expressar tal padrão normativo[191]. Além disso, os princípios, como padrões também dotados de vagueza, não poderiam, por isso mesmo, superar a discricionariedade.

Nessa linha esclarecedora, Raz aponta que admitir a discricionariedade judicial não é o mesmo que reconhecer o arbítrio do juiz. Ele reconhece que muitos outros pensadores, não só positivistas, exageraram no foco da discricionariedade judicial ao não conferirem a devida atenção ao papel que os princípios desempenham no direito. Mesmo diante da discricionariedade em sentido forte, os juízes não devem agir arbitrariamente, eis que vinculados aos atos que eles julgam serem os melhores de acordo com suas crenças e valores. Decidir esses casos simplesmente jogando uma moeda, isso sim seria arbitrariedade[192].

Seria possível objetar que, ao admitir a discricionariedade nestes termos, uma teoria positivista assim formulada contribuiria enormemente para o ativismo judicial. Afinal, como sustentado anteriormente: i) admite-se a discricionariedade ante normas de

---

leaves the matter to the discretion of the courts or the officials. Many of the principles governing the action of the courts and the executive are principles of discretion. Such principles, far from proving the absence of judicial discretion, are a manifestation of a legal policy to rely on and make use of judicial and administrative discretion in order to increase the flexibility of the law and improve the procedures for its constant review to meet changes in circumstance and opinion. We must conclude that legal principles do not exclude judicial discretion; they presuppose its existence and direct and guide it". (RAZ, Joseph. *Legal principles and limits of law.* The Yale Law Journal, vol. 81, n. 05, 1972, p. 847)

191 Idem, p. 847.

192 Idem, p. 847.

textura aberta, segundo Hart; e ii) mesmo diante a discricionariedade em sentido forte, o juiz poderia decidir com base naquilo que considerasse o mais correto de acordo com suas crenças e valores, segundo Raz, sendo essa uma vinculação meramente retórica para impedir o arbítrio.

A ideia aqui defendida busca inverter a ordem de tal argumentação, no seguinte sentido. Em se reconhecendo que: i) o direito não apresenta uma única resposta certa para cada questão, tendo em vista, por exemplo, a vagueza e a indeterminação de suas expressões linguísticas; ii) juízes, mesmo assim, são obrigados pela regra de reconhecimento a aplicar as normas jurídicas, não sendo correta a tese em torno do ceticismo; e iii) que os princípios podem guiar tal atuação, mas, uma vez que eles próprios também são vagos, não garantem a superação da discricionariedade, deve-se apostar cada vez mais na segurança em torno das regras jurídicas para que, somente quando estas realmente manifestarem sua textura aberta, buscar-se resolver a questão por meio de princípios.

Em outras palavras: levando a discricionariedade judicial a sério, reconhecendo que ela é um fato e que o direito tem limites, tem-se, na verdade, uma restrição ao ativismo judicial, pois juízes somente deveriam recorrer aos padrões não jurídicos na sua argumentação em última instância, evitando-se saltos interpretativos rapidamente efetivados quando, simplesmente, determinado juiz não concorda com o conteúdo de regras jurídicas legitimamente postas até mesmo pelo constituinte originário e aplica princípios em casos nos quais não há espaço para discricionariedade. É este salto interpretativo que caracteriza o arbítrio judicial, não a mera discricionariedade.

No próximo tópico, a afirmação acima posta será devidamente provada, demonstrando-se como o recurso aos princípios e não às regras jurídicas foram decisivos para a prolação de decisão ativista, sem qualquer respaldo na Constituição. O modelo de princípios, e não o modelo de regras, favoreceu a arbitrariedade judicial.

4. A excepcionalidade da tese da supralegalidade – uso dos princípios como forma de usurpação da competência do constituinte reformador

Como dito, eis as questões a serem abordadas neste tópico: i) no RE 466.343/SP, era realmente necessária a abordagem acerca do *status* dos tratados de direitos humanos?; ii) a doutrina, por si só, pode influenciar na alteração da jurisprudência mesmo contra a Constituição?; iii) as Constituições de outros Estados podem justificar a mudança jurisprudencial?; e iv) os dispositivos da Constituição Federal mencionados são suficientes para fundamentar a conclusão acerca da supralegalidade dos tratados de direitos humanos e da consequente "eficácia paralisante" deles? A análise detalhada de tais pontos demonstrará se a judicialização da questão foi resolvida de modo ativista ou não.

Em relação ao item "i", deve-se relembrar que o caso em estudo dizia respeito ao contrato de alienação fiduciária em garantia, não propriamente ao contrato de depósito, segundo a própria ementa e esclarecimentos no voto do relator. Esta foi a razão para o Min. César Peluso não fundamentar seu voto a partir do debate acerca do *status* dos tratados de direitos humanos. Para ele, a questão cingir-se-ia à análise acerca da natureza jurídica do contrato de alienação fiduciária em garantia e se a equiparação ao depósito efetivada pela lei respectiva poderia ter como consequência a prisão civil do "depositário" infiel. Como ele concluiu que a equiparação era inconstitucional para esses fins, interpretando estritamente o art. 5°, LXVII, da Constituição, a questão foi assim resolvida, tomando por base, unicamente, o ordenamento doméstico.

Por outro lado, a questão acerca do *status* dos tratados de direitos humanos constava na causa de pedir das partes, podendo, assim, ser conhecida pelos julgadores. Desse modo, mesmo que desnecessário para o deslinde da causa, o enfrentamento do tema sob a ótica dos direitos humanos não se afigura uma inconstitucionalidade.

Em relação ao item "ii", tem-se que a doutrina pode ser considerada como fonte indireta do direito no sentido de que influencia na tomada de decisões pelo Poder Judiciário ou mesmo na confecção das leis pelo Poder Legislativo[193]. O problema ocorre quando as doutrinas citadas defendem teses não compatíveis com a Constituição e são usadas não pelo Poder Legislativo, quando este propõe determinada reforma constitucional, mas, sim, pelo próprio Poder Judiciário, o qual, como se sabe, não está constitucionalmente autorizado a realizar mudanças formais na Constituição. É o caso da citação da obra de Peter Härbele feita pelo Ministro: na Alemanha, diferentemente do sistema jurídico brasileiro, há norma constitucional admitindo expressamente a supralegalidade dos tratados de direitos humanos. Logo, a lição do autor alemão tem muito mais pertinência naquele contexto.

Parcialmente, o Min. Gilmar Mendes reconhece a incompatibilidade de certas teses elencadas com a Constituição Federal de 1988, como aquela que sustenta o caráter automaticamente constitucional dos tratados de direitos humanos, tendo em vista o disposto no art. 5º, § 3º. No entanto, as demais teses, igualmente contrárias ao texto constitucional, foram por ele acolhidas. A contrariedade ficará mais clara quando da análise do item "iv".

Sobre o item "iii", é claro que as citações a outras ordens constitucionais realizadas pelo ministro podem ser interpretadas como mero argumento de reforço. Mesmo assim, é lícito indagar se tal postura é adequada quando há incompatibilidade entre as constituições confrontadas. Como ele mesmo ressalta, muitos dos outros textos constitucionais são expressos na atribuição da qualidade supralegal aos tratados de direitos humanos, como se tem com a Constituição da Alemanha. Ora, em não havendo norma correspondente no Brasil,

---

[193] DIMOULIS, Dimitri. *Manual de Introdução ao Estudo do Direito*. - 6ª ed. São Paulo: Editora Revista dos Tribunais, 2014, p. 179-182.

cai por terra a comparação, já que sistemas jurídicos estrangeiros não são fonte do direito brasileiro.

O item "iv" é central para o desenvolvimento das ideias deste texto. Propõe-se uma leitura séria dos dispositivos constitucionais, não recusando uma aplicação a eles simplesmente porque não se concorda com seu conteúdo. Nessa linha, deve-se indagar se os arts. 4°, 5°, §§ 2°, 3° e 4° da Constituição Federal são suficientes para sustentar a supralegalidade dos tratados de direitos humanos.

O art. 4° elenca os princípios que a República Federativa do Brasil deve observar nas relações internacionais. É claro o intuito de promover cada vez maior integração e de propiciar a prevalência dos direitos humanos. Os diversos princípios lá elencados, indiscutivelmente, apontam para essas metas. É possível, no entanto, derivar de cláusulas tão abertas o caráter supralegal dos tratados ora em estudo? Nenhum dos dispositivos lá elencados trata, nem mesmo lateralmente, sobre o tema. A prevalência dos direitos humanos pode ser interpretada no sentido de que a República Federativa do Brasil deve buscar aderir aos tratados respectivos e promover contínua busca por sua efetividade. Nada diz acerca do *status* de tais tratados: o caminho é muito longo para juízes concluírem diferentemente a partir de tal norma.

O art. 5°, § 2°, da Constituição Federal é também utilizado pela doutrina que defende não somente o caráter supralegal, mas mesmo constitucional, dos tratados de direitos humanos. Como se sabe, o dispositivo elenca que os direitos e garantias previstos na Constituição não excluem outros previstos, por exemplo, nos tratados celebrados pela República Federativa do Brasil. A partir de tal norma é possível sustentar, automaticamente, o caráter supralegal dos tratados?

O que significa apontar que os direitos e garantias "expressos nesta Constituição não excluem" outros? Significa que há um rol de direitos não previstos na Constituição que, nem por isso, deixam de ser direitos exigíveis judicialmente. Eles podem ser judicializados, mas seu *status* deve obedecer às regras constitucionais que preveem o procedimento para sua internalização pelo Congresso Nacional e até mesmo a possibilidade de declaração de inconstitucionalidade. Sustentar que os tratados de direitos humanos têm *status* legal não nega vigência ao art. 5º, § 2º, pois ele, igualmente, nada diz acerca de tal qualidade. De igual modo, quando um direito previsto em tratado de direitos humanos é aplicado promovendo, por exemplo, a revogação de lei ordinária anterior que não previa tal direito, tem-se uma clara demonstração de como os direitos previstos na Constituição não excluíram outros previstos em normas internacionais. Novamente, tem-se a questão recorrente: sem uma norma constitucional expressa acerca da supralegalidade automática dos tratados de direitos humanos, não há como o intérprete chegar a essa conclusão.

Poder-se-ia acrescentar, ainda, que tal dispositivo constitucional deve ser lido como mais uma forma de proteção do indivíduo contra o Estado no sentido de que este não poderia fundamentar eventual restrição aos direitos escudando-se em pretensa omissão constitucional, já que há outros direitos além dos lá elencados. Nessa linha é a sustentação de Dimoulis e Martins:

> O principal argumento constitucional a favor dessa proposta encontra-se no art. 5º, § 2º, da CF, interpretado como proibição de limitar os direitos garantidos em tratados internacionais mediante normas infraconstitucionais. O argumento decorre de uma interpretação extensiva da referida disposição que não convence. O artigo só determina que o rol dos direitos explicitamente garantidos na Constituição não deve ser interpretado no sentido de presunção de competência a favor do Estado, excluindo direitos decorrentes de fontes além do próprio texto constitucional. Nesse sentido, a falta de garantia explícita de um direito na Constituição não permite ao intérprete recorrer ao argumento a contrário, pois a enumeração dos direitos fundamentais na Constituição é indicativa e não

> limitativa. Tem-se aqui uma clássica presunção a favor da liberdade do indivíduo e contra o poder estatal.
>
> Com isso, a Constituição não determinou, expressamente e em dispositivo específico (como fez, por exemplo, o constituinte alemão no art. 25 GG) a relação hierárquica entre as leis brasileiras e os tratados internacionais. Por intermédio de uma interpretação sistemática, a resposta a esse problema é dada pelos arts. 102, III, 'b', e 105, III, 'a', os quais situam o tratado e a lei na mesma posição hierárquica, pois de acordo com os mencionados dispositivos o Supremo Tribunal Federal resolve, mediante recurso extraordinário, problemas de inconstitucionalidade 'de tratado ou lei federal' e o Superior Tribunal de Justiça resolve, mediante recurso especial, os problemas de violação de 'tratado ou lei federal'.
>
> (...)
>
> A tradicional equiparação entre lei interna e tratado internacional é confirmada pelo fato de nenhuma outra norma constitucional prever a competência do Poder Judiciário para avaliar a violação de tratado por lei ou vice-versa. Isso demonstra que o constituinte não desejou instituir uma hierarquia entre ambos como o fez, conforme já aludido o constituinte alemão.[194]

A única ressalva que pode ser feita ao ensinamento transcrito diz respeito à utilização do art. 102, III, "b", como fundamento para afastar a tese acerca da supralegalidade. Diz-se isso porque, mesmo quem defende tal tese, admite que se declare a inconstitucionalidade do tratado de direitos humanos, uma vez que este viole a Constituição. Logo, o mencionado artigo constitucional serve para afastar a tese acerca da equiparação constitucional de tais tratados, como, aliás, defendem os próprios autores citados. No entanto, nada diz contra a tese da supralegalidade. Argumentação semelhante pode ser feita em relação à utilização do art. 105, III, "a".

---

194 DIMOULIS, Dimitri; MARTINS, Leonardo. *Teoria Geral dos Direitos Fundamentais*. 5ª ed. São Paulo: Atlas, 2014, p. 34-35.

Ainda mais claramente pode-se defender a inadequação do uso do art. 5º, §§ 3º e 4º, para sustentar a jurisprudência do STF. O § 3º aponta que os tratados de direitos humanos aprovados pelo Congresso Nacional com as mesmas formalidades das emendas constitucionais se equiparam a estas. Nada diz, portanto, acerca dos tratados que não forem aprovados sob tal rito. A outra norma se limita a indicar que a República Federativa do Brasil se submete à jurisdição da corte penal internacional a que aderir; nenhuma palavra, contudo, acerca da hierarquia normativa dos tratados de direitos humanos.

Outros dispositivos constitucionais, no entanto, apontam com muito mais segurança para o caráter legal de tais tratados, como já abordado anteriormente. Como visto, o art. 49, I, da Constituição, o qual elenca a competência do Congresso Nacional para decidir sobre os tratados, referendando-os após celebração pelo Presidente da República, conforme art. 84, VIII. Tais dispositivos não apontam o quórum necessário para tal aprovação congressual nem o *status* de tais tratados. No entanto, a dúvida é prontamente dissipada pela regra constante no art. 47 da Constituição, a qual aponta que: "Salvo disposição constitucional em contrário, as deliberações de cada Casa e de suas Comissões serão tomadas por maioria dos votos, presente a maioria absoluta de seus membros."

Ora, não há disposição constitucional em contrário apontando qual o quórum necessário para fins do art. 49, I. Logo, a deliberação deve ser tomada por maioria de votos, como normalmente faz o Congresso Nacional, salvo se queira aplicar o procedimento do art. 5º, § 3º. Em não agindo assim, o tratado vai ser internalizado com as mesmas formalidades da lei ordinária. Logo, seu *status* só pode ser legal. Percebe-se, assim, como há clara regra constitucional regulamentando a questão, não sendo lícito ao jurista, que deve recorrer às fontes oficiais do direito, alterar tais disposições como se pudesse emendar a Constituição.

Também carece de fundamentação constitucional a pretensa consequência jurídica em torno da supralegalidade, que seria o efeito paralisante desses tratados. Através de tal efeito, as leis infraconstitucionais que contrariem o tratado, tais como o art. 652 do Código Civil, teriam eficácia paralisada. Ora, qual a fonte jurídica para tal conclusão? A Constituição regulamenta a suspensão de eficácia no bojo da competência legislativa concorrente entre União e Estados, nos termos do art. 24, § 4º, admitindo que "a superveniência de lei federal sobre normas gerais suspende a eficácia da lei estadual, no que lhe for contrário". De modo semelhante, o art. 52, X, admite que o Senado Federal suspenda a eficácia de lei declarada inconstitucional pelo STF. Finalmente, o art. 36, § 3º, admite a suspensão de atos normativos como medida para se evitar a deflagração da intervenção federal, em sendo suficiente tal medida. Como já é possível constatar, nenhum desses dispositivos apresenta qualquer relação com efeitos relacionados ao caráter supralegal dos tratados, o que serve para demonstrar, mais uma vez, como a Constituição nunca cogitou em atribuir-lhes tal *status*.

Percebe-se, portanto, como os dispositivos constitucionais elencados pelo Min. Gilmar Mendes não são suficientes para fundamentar a tese acerca da supralegalidade. É ela fruto de ativismo judicial incompatível com a Constituição.

A entendimento judicial acerca da supralegalidade dos tratados de direitos humanos é inconstitucional. O presente capítulo buscou fundamentar adequadamente tal conclusão, recorrendo às fontes oficiais do direito, quais sejam, as normas constitucionais que apontam para o *status* em torno da legalidade ordinária de tais tratados. O texto apresentou uma crítica consequente à argumentação lançada especialmente no voto do Min. Gilmar Mendes no sentido de que o recurso aos princípios para superar regras constitucionais demonstra postura incompatível com o Estado de Direito e a separação de poderes.

A insegurança jurídica está duplamente manifestada no caso a partir: a) do ativismo judicial com criação de jurisprudência contrária à Constituição; e b) do ativismo judicial propiciado por tal decisão ao admitir a utilização de princípios abertos de interpretação tais como o *in dubio pro homine*, o qual potencializa o subjetivismo do julgador.

Tal insegurança somente pode ser superada a partir do respeito à Constituição por parte do próprio Poder Judiciário, o qual, nesse caso, atuou como verdadeiro constituinte reformador. Como demonstrado anteriormente, das premissas em torno dos princípios da ordem internacional previstos no art. 4º da Constituição, como a prevalência dos direitos humanos ou mesmo a submissão do Brasil à jurisdição do Tribunal Penal Internacional (art. 5º, § 4º), não se pode concluir com segurança acerca do caráter supralegal dos tratados de direitos humanos. Há, na verdade, diversas outras disposições constitucionais que apontam para a tese acerca da legalidade ordinária.

Desse modo, a argumentação desenvolvida pelo STF para sustentar sua tese teria utilização muito mais adequada pelo Parlamento, cabendo a este alterar formalmente a Constituição e elencar um dispositivo expresso semelhante àqueles citados em diversas constituições exemplificadas pelo STF, as quais preveem o *status* de tais tratados. Este foi outro erro argumentativo demonstrado neste texto: utilização de doutrina e "direito" estrangeiro em franca oposição às fontes formais do sistema jurídico brasileiro.

Valério Mazzuoli, comentando a referida inovação constitucional, é categórico ao sustentar que a expressão "controle de constitucionalidade" somente deve ser empregada quando há ofensas diretas à própria Constituição, reservando, portanto, a expressão controle de convencionalidade justamente quando o parâmetro é composto pelos tratados de direitos humanos:

> Como estudado no Capítulo anterior, a Emenda Constitucional 45/2004, que acrescentou o § 3º ao art. 5º da Constituição, trouxe a possibilidade de os tratados

> internacionais de direitos humanos serem aprovados com um quórum qualificado, a fim de passarem (desde que ratificados e em vigor no plano internacional) de um *status* materialmente constitucional para a condição (formal) de tratados 'equivalentes às emendas constitucionais'. E tal acréscimo constitucional trouxe ao direito brasileiro um novo tipo de controle à normatividade interna, até hoje desconhecido entre nós: o controle de convencionalidade das leis. Ora, à medida que os tratados de direitos humanos ou são materialmente constitucionais (art. 5°, § 2º) ou material e formalmente constitucionais (art. 5º, § 3º), é lícito entender que, para além do clássico 'controle de constitucionalidade', de ainda existir (doravante) um 'controle de convencionalidade' das leis, que é a compatibilização das normas de direito interno com os tratados de direitos humanos ratificados pelo governo e em vigor no país[195].

A posição do autor, assim, é clara: não há alargamento do bloco de constitucionalidade a partir do exercício da competência prevista no art. 5°, § 3º, da Constituição, mas sim consagração, agora com *status* formal, de um novo mecanismo de controle, o denominado controle de convencionalidade. Parte da constatação de que os tratados são as principais fontes do direito internacional, podendo ostentar os mais diversos conteúdos.

Se o tema nele veiculado for relacionado aos direitos humanos, eles servirão de parâmetro para o controle de convencionalidade, não de constitucionalidade: a) na forma concentrada, caso aprovados com as formalidades típicas das emendas constitucionais, a saber, aprovação por três quintos de votos em dois turnos de votação em cada Casa do Congresso Nacional, de acordo com o art. 60 da CF/88; e b) na forma difusa, em decorrência do art. 5°, § 2º, da Constituição, o qual, para o autor, já autoriza a consideração do status materialmente constitucional de tais tratados.

---

195 MAZZUOLI, Valerio de Oliveira. *O controle jurisdicional da convencionalidade das leis*. 2ª ed. São Paulo: Revista dos Tribunais, 2011.p. 73-74.

Não há como admitir o *status* constitucional automático aos tratados de direitos humanos não referendados pelo Congresso Nacional com as formalidades das emendas constitucionais, pois tal tese esvazia o sentido prático do art. 5º, § 3º, da Constituição. Assim, tais tratados, além de não possuem *status* supralegal, também não ostentam caráter constitucional.

Com a superação injustificada das regras anteriormente elencadas, o STF criou situação excepcional meramente forjada, utilizando de modelo particularista que fragilizou a separação entre poder constituído e constituinte. Sendo assim, não há como admitir que tratados de direitos humanos não incorporados nos termos do art. 5º, § 3º, da Constituição incluam-se no bloco de constitucionalidade ou se convertam em parâmetro de controle de convencionalidade.

IV

CONTROLE DE CONSTITUCIONALIDADE JUDICIAL PREVENTIVO E SUA EXCEPCIONALIDADE SOBRE OS PROJETOS DE LEI

O controle de constitucionalidade é função de garantia da Constituição atribuído aos diversos órgãos com competência para tanto, existindo no sistema jurídico brasileiro um controle exercido por órgãos políticos como o Congresso Nacional e o Presidente da República. Quando a atuação judicial entra em contato com a função típica de concretização da Constituição levada a cabo por aqueles órgãos dos demais poderes, tem-se uma clara manifestação das relações entre direito e política, especificamente no bojo do controle de constitucionalidade.

Este capítulo tem por objetivo investigar os limites do controle judicial preventivo de constitucionalidade, a saber, aquela forma de fiscalização na qual o STF pode exercer análise sobre projetos de atos normativos, durante a tramitação do processo legislativo.

Analisar-se-á se a Constituição admite um controle judicial preventivo sobre quaisquer projetos de atos normativos, como a lei, ou restringe-se às emendas constitucionais. Além disso, será problematizada a legitimidade conferida ao parlamentar para deflagrar esse controle, perquirindo se a Constituição admite o manejo de um mandado de segurança com nítidas feições coletivas tendo como legitimado um parlamentar, e não partido político.

O presente capítulo, assim, preocupa-se com a interpretação do art. 60, § 4º, da Constituição, o qual estipula que não se admitirá a deliberação de proposta de emenda constitucional que tenda a abolir as cláusulas pétreas. Tal vedação alcança os projetos de lei, mostrando-se, então, subinclusivo ao não prever expressamente tais proposições? A Constituição previu um procedimento específico para essa forma de controle judicial preventivo? Eis as questões relacionadas com os temas elencados no parágrafo anterior.

Para a compreensão do tema, analisar-se-á, didática e inicialmente, o papel dos Poderes Executivo e Legislativo no controle de constitucionalidade. É importante a compreensão correta de tais funções a partir, por exemplo, da constatação de que o Presidente da República pode vetar projeto de lei, mas não o de emenda constitucional. Em seguida, o controle judicial preventivo será estudado a partir da necessária análise em torno da evolução da jurisprudência do STF. Finalmente, a dignidade da legislação e a respeitabilidade dos parlamentos como instituição representativa servirão de base para sustentar os perigos da intromissão prematura do direito na política, através dos juízes, concluindo-se pela total impossibilidade de controle judicial preventivo sobre projetos de lei, admitindo-se unicamente em face de projetos de emenda constitucional, eis que expressamente vedada pela Constituição a mera deliberação sobre certas emendas. A legitimidade para tal controle, no entanto, não pode ser conferida ao parlamentar, como será oportunamente demonstrado.

1. O papel do Presidente da República no controle de constitucionalidade

O Presidente da República é, num sistema de governo presidencialista como o brasileiro, o chefe de Estado e chefe de governo, sendo eleito pelo povo para exercer a alta administração do Estado brasileiro, além de representar a República Federativa internacionalmente. O presidente da República pode desenvolver controle político de constitucionalidade preventivo ou repressivo. De modo preventivo, o faz quando veta determinado projeto de lei com fundamento na inconstitucionalidade. De modo repressivo, o faz quando determina que a Administração Pública Federal não aplique determinada lei que considere inconstitucional.

O presidente da República pode desenvolver controle político de constitucionalidade quando exerce seu poder de veto[196], no

[196] Além dessa forma de controle político preventivo, é possível sustentar a hipótese de controle político repressivo por parte do Presidente da República. Tal postura é uma decorrência da vinculação que o Presidente da República tem com a própria Constituição, simbolizada pelo juramento que este faz quando de sua posse. Nesse sentido, tal autoridade deve cumprir a Constituição e não as leis que, eventualmente, entenda como inconstitucionais. O tema é delicado e merece cuidadosa análise em face do princípio da separação de poderes, a fim de que tal atuação não desvirtue o equilíbrio e a harmonia pretendidos pela Constituição. É possível lançar argumentos contrários e favoráveis a tal prática. Contra, tem-se que: a) o Presidente, em não concordando com o projeto de lei, deve vetá-lo e, caso o sancione, não pode mais mudar de opinião, sob pena de adotar, até mesmo, postura contraditória; e b) o Presidente tem poder para ajuizar a ação direta de inconstitucionalidade, sendo este o procedimento correto, caso entenda que a lei é inconstitucional. Por outro lado, pode-se responder que: a) o Presidente se vincula à Constituição, como dito, e não à lei inconstitucional; b) a sanção não pode impedir ulterior reconhecimento de inconstitucionalidade, pois as circunstâncias fáticas ou jurídicas podem ser alteradas, a saber, pode haver inconstitucionalidade progressiva; e c) a competência para ajuizamento de ADI não é suficiente para afastar o poder do Presidente da República, sendo mais um mecanismo para controle, não o único, até porque a demora no julgamento perante o STF pode fazer surgir a utilidade em soluções mais rápidas com a pronta atuação do chefe do Poder Executivo Federal. Por outro lado, deve-se consignar que o reconhecimento de tal poder ao Presidente

contexto do processo legislativo[197]. O processo legislativo é aquele conjunto de atos tendentes à elaboração da lei e demais atos

---

da República o autoriza, tão somente, a determinar a não aplicação da lei inconstitucional por parte da Administração Pública Federal diretamente a ele subordinada. Não se trata, assim, de um mandamento geral que possa intervir na esfera dos demais Poderes. Além disso, a fim de preservar justamente a harmonia entre os Poderes, uma vez julgada pelo STF a lei cuja não aplicação fora determinada pelo Presidente da República, deve este se vincular à decisão judicial. Em outras palavras: a determinação do Presidente da República somente é válida até eventual decisão do STF. Dmitri Dmoulis e Soraya Lunardi, após sustentarem a possibilidade de controle repressivo por parte do Presidente da República, apontam que o ordenamento jurídico brasileiro admite tal prerrogativa por parte de tal autoridade no âmbito do processo administrativo fiscal: caso o Presidente aprove parecer do Advogado Geral da União apontando que determinada lei é inconstitucional, tal ato não poderá ser utilizado para a constituição de crédito tributário. DIMOULIS, Dimitri; LUNARDI, Soraya. *Curso de processo constitucional - controle de constitucionalidade e remédios constitucionais*. São Paulo: Atlas, 2014, p. 374.

[197] Art. 66. A Casa na qual tenha sido concluída a votação enviará o projeto de lei ao Presidente da República, que, aquiescendo, o sancionará.
§ 1º Se o Presidente da República considerar o projeto, no todo ou em parte, inconstitucional ou contrário ao interesse público, vetá-lo-á total ou parcialmente, no prazo de quinze dias úteis, contados da data do recebimento, e comunicará, dentro de quarenta e oito horas, ao Presidente do Senado Federal os motivos do veto.
§ 2º O veto parcial somente abrangerá texto integral de artigo, de parágrafo, de inciso ou de alínea.
§ 3º Decorrido o prazo de quinze dias, o silêncio do Presidente da República importará sanção.
§ 4º O veto será apreciado em sessão conjunta, dentro de trinta dias a contar de seu recebimento, só podendo ser rejeitado pelo voto da maioria absoluta dos Deputados e Senadores. (Redação dada pela Emenda Constitucional nº 76, de 2013)
§ 5º Se o veto não for mantido, será o projeto enviado, para promulgação, ao Presidente da República.
§ 6º Esgotado sem deliberação o prazo estabelecido no § 4º, o veto será colocado na ordem do dia da sessão imediata, sobrestadas as demais proposições, até sua votação final. (Redação dada pela Emenda Constitucional nº 32, de 2001)
§ 7º Se a lei não for promulgada dentro de quarenta e oito horas pelo Presidente da República, nos casos dos § 3º e § 5º, o Presidente do Senado a promulgará, e, se este não o fizer em igual prazo, caberá ao Vice-Presidente do Senado fazê-lo.

normativos, como aqueles elencados no art. 59 da CF/88. O veto, assim, pode ser classificado como: 1) político, quando motivado por razões de interesse público; 2) jurídico, quando motivado por razões de inconstitucionalidade.

É mais precisamente através dessa segunda modalidade de veto que haverá o controle de constitucionalidade político exercido pelo Presidente da República, o qual poderá vetar o dispositivo da lei se entender que o mesmo é inconstitucional. A Constituição preocupou-se com o regime jurídico do veto, detalhando-o com certo grau de precisão: 1) como o veto deve ser efetivado (somente alcançando o texto completo de artigo, de parágrafo, de inciso ou de alínea, sendo necessariamente motivado); 2) em qual prazo (15 dias úteis); e 3) quais as consequências para o Congresso Nacional (apreciação do ato em sessão conjunta).

Tendo em vista que a própria Constituição previu procedimento político para derrubada do veto, a partir da atuação do Congresso Nacional, tem-se como descabida qualquer forma de controle judicial sobre o mérito do veto em si, já tendo o STF deixado de conhecer ADPF ajuizada contra veto de prefeito municipal.[198]

2. O papel do Congresso Nacional no controle de constitucionalidade

Historicamente, o controle de constitucionalidade no Brasil nasce com cunho exclusivamente político, levando em conta o órgão incumbido de tal função. A Constituição do Império de 1824 não previa qualquer forma de controle judicial de constitucionalidade. A Constituição era expressa em determinar ao Poder Legislativo a função de fazer e interpretar as leis, velando pela Constituição.[199]

---

[198] ADPF nº 1. Relator Ministro Néri da Silveira. DJ: 07/11/2003.

[199] Assim era a redação original dos dispositivos pertinentes no texto de 1824: "Art. 15. E' da attribuição da Assembléa Geral (...) VIII - Fazer Leis, interpretá-las, suspendê-las, e revogá-las; IX - Velar na guarda da Constituição, e promover o bem geral do Nação."

Hodiernamente, como se sabe, o Poder Legislativo é formado pelo Congresso Nacional, que congrega a Câmara dos Deputados e o Senado Federal. O sistema brasileiro, assim, adotou o modelo bicameral, sendo o Congresso Nacional a reunião das duas casas. Tanto o Congresso Nacional como a Câmara dos Deputados e o Senado Federal exercem controle político de constitucionalidade.

É mais comum se apontar que a Câmara dos Deputados e o Senado Federal exercem controle de constitucionalidade quando analisam a compatibilidade de projetos de lei com a Constituição em suas Comissões de Constituição, Justiça e Cidadania. Trata-se, assim, de um controle prévio de constitucionalidade, eis que a lei ainda não está perfeita. Por outro lado, não se pode esquecer que há um controle preventivo de constitucionalidade a ser exercido no importante momento da votação do projeto: uma das razões para sua eventual rejeição pode ser, precisamente, sua inconstitucionalidade. Assim, em qualquer fase do processo legislativo pode haver tal controle, não somente quando do processamento do projeto nas comissões[200]. A falta de atenção acerca desta última possibilidade de controle contribui para o açodamento em torno do controle judicial preventivo: o projeto pode nem vir a ser aprovado e, mesmo assim, há posicionamento judicial, como estudo adiante, sustentando que a mera possibilidade de aprovação justifica sua análise prévia pelo STF[201].

---

[200] DIMOULIS, Dimitri; LUNARDI, Soraya. Ob. cit., p. 364-365.

[201] Além disso, o Congresso Nacional como um todo exerce controle de constitucionalidade nos termos do art. 49, V da CF/88, o qual dispõe que: "É da competência exclusiva do Congresso Nacional: V – sustar os atos normativos do Poder Executivo que exorbitem do poder regulamentar ou dos limites de delegação legislativa". A correta compreensão do dispositivo demanda o estudo prévio do poder regulamentar e da lei delegada.
O poder regulamentar é aquela prerrogativa que a Administração Pública e, mais especificamente, o Presidente da República, ostenta para que a lei possa ser corretamente aplicada. A lei não pode descer a minúcias nas suas disposições, elencando de maneira geral e abstrata, normalmente, o tema por ela tratado. Para que se dê fiel execução a tal ato normativo, o Presidente da República

3. A excepcionalidade da tese acerca do controle judicial preventivo sobre projetos de lei

O controle de constitucionalidade preventivo é aquele que ocorre sobre o projeto do ato normativo. No caso da lei, é aquele que ocorre quando há pendência de sanção ou derrubada do veto, já que somente após tais atos é que o projeto de lei se torna lei, com a certificação efetivada a partir da promulgação. O controle político exercido sobre os projetos de lei nas Comissões de Constituição e Justiça da Câmara dos Deputados e do Senado Federal ou no momento da votação do projeto são exemplos de controle prévio.

O controle de constitucionalidade repressivo, por outro lado, é aquele que tem por objeto não um projeto de lei, mas a lei ou ato normativo em si. O controle repressivo ocorre, segundo o STF, pelo menos quando há a promulgação da lei.[202] Há controle político repressivo no caso de sustação dos atos do Presidente da República, com base no art. 49, V, da CF/88. O controle judicial de constitucionalidade é, em regra, repressivo.

---

pode editar decretos, os quais têm por finalidade regulamentar a lei, não se admitindo que eles inovem no ordenamento jurídico, criando direitos ou obrigações não elencados pelo Poder Legislativo.

Pois bem: se tal decreto presidencial, editado com base no poder regulamentar, exorbitar suas finalidades, ele poderá ser sustado pelo Congresso Nacional. Tal sustação, que equivale a uma suspensão, é a manifestação do controle de constitucionalidade exercido por tal órgão legislativo, eis que o decreto, no ponto em que inova no ordenamento jurídico, viola claramente o princípio da separação de poderes, pois o Presidente da República acaba por exercer função legislativa.

Igualmente, há tal forma de controle quando o Presidente da República exorbita os poderes da delegação legislativa dada no contexto da lei delegada. A lei delegada é uma das espécies normativas previstas no art. 59 da Constituição, a qual consiste na edição de lei por parte do Presidente da República, o qual recebe uma delegação do Poder Legislativo para tanto. Desse modo, o Congresso Nacional poderá sustar a lei delegada se ela exorbitar os limites da delegação legislativa, consistindo tal função em exercício de controle de constitucionalidade, o qual visa preservar a competência legislativa do Poder Legislativo.

[202] ADI 3367. Relator Ministro Cezar Peluso. DJ: *05/10/2006*.

Neste ponto, analisar-se-á o modelo de controle de constitucionalidade judicial preventivo desenvolvido pelo Supremo Tribunal Federal, criticando essa forma de controle sobre projetos de lei e sustentando sua extinção, seja quanto à análise de inconstitucionalidades materiais ou formais. Para tanto, serão explorados três fundamentos: 1) necessidade de se conferir maior responsabilidade política ao controle de constitucionalidade exercido pelos parlamentares, sem o recurso fácil e paternalista ao STF pela via preventiva, possibilitando posterior diálogo institucional entre Parlamento e Corte, sendo tal leitura a mais consentânea com a literalidade do art. 60, § 4º, o qual restringe-se às emendas constitucionais; 2) respeito aos próprios fundamentos lançados pelo STF ao vedar o controle de constitucionalidade judicial preventivo sob o viés material no Mandado de Segurança (MS) 33.033/2013;[203] e 3) inexistência de qualquer risco à Constituição em tal postura, já que haverá controle político e, além disso, possibilidade controle judicial repressivo.

Novamente, a metodologia empregada busca vislumbrar rapidamente as razões subjacentes à regra estipulada no art. 60, § 4º, da Constituição para reconhecer que há fundadas razões na interpretação literal do dispositivo, excluindo qualquer controle preventivo sobre os projetos de lei, mesmo diante de possíveis inconstitucionalidades formais. O recurso aos argumentos em torno da respeitabilidade e autoridade dos órgãos políticos, relacionado ao poder de veto do Presidente da República e ao poder de deliberação do Parlamento quando da votação do projeto apontado como inconstitucional, servem somente para reforçar a presunção em torno da força da regra constitucional acima citada, a qual merece fundamentar a tomada de decisão.

---

203 Rel. Ministro Gilmar Mendes. Rel. para acórdão Ministro Teori Zavascki. 20/06/2013.

Em seguida, abordar-se-á a construção efetivada pelo STF para admitir a legitimidade de parlamentar na impetração de mandado de segurança com nítido caráter coletivo, sustentando-se que não há tal legitimidade a partir da Constituição. As exceções enfrentadas, assim, referem-se à criação judicial de um controle preventivo sobre projeto de lei que sequer dispõe de procedimento constitucional para tanto.

Como visto, o controle de constitucionalidade no Brasil é uma atividade exercida pelo Presidente da República, pelos Parlamentares e pelos Juízes através da qual se faz um juízo de compatibilidade entre uma lei ou ato normativo, o procedimento de criação deles ou eventuais omissões em relação à Constituição. Cada um daqueles atores atua no âmbito de suas competências políticas e jurídicas, sendo um erro cada vez mais comum no Brasil supor que o controle judicial é, necessariamente, superior aos demais. Tal visão baseia-se numa forte desconfiança com a política, a qual, no entanto, não autoriza de modo algum a automática transferência de poderes aos juízes, no bojo especificadamente do controle de constitucionalidade.

Em relação ao tempo do controle, ou seja, ao momento em que o mesmo pode ser efetivado, há modelos predominantemente preventivos, como o francês e predominantemente repressivos, como o brasileiro. Assim, a regra, em nosso ordenamento, é que o STF somente exerça controle de constitucionalidade após, pelo menos, a promulgação do ano normativo, não se concebendo como atividade normal a interferência judicial sobre o projeto de lei ou de emenda à Constituição.

Deve-se dominar, igualmente, a tipologia em torno das inconstitucionalidades formais e materiais para se compreender a extensão dessa forma de controle. A inconstitucionalidade formal diz respeito às regras do processo legislativo, a saber, do conjunto de atos voltados para a edição do ato normativo. Sendo assim, as regras constitucionais de iniciativa, debates, votação, sanção, veto, promulgação e publicação servirão de base para análise da conduta concreta dos parlamentares durante o processo. Por outro lado, a inconstitucionalidade material diz respeito ao conteúdo do ato, a saber, se a matéria nele veiculada ofende ou não algum preceito constitucional. Como será visto adiante, a jurisprudência do STF não era clara acerca dos limites do controle preventivo, no sentido de se albergar ou não o controle material além do formal.

3.1 A evolução jurisprudencial em torno do tema

Até 1980, o STF não exercia qualquer forma de controle de constitucionalidade preventivo. Entendia que a separação de poderes vedava qualquer análise sobre a tramitação dos projetos, pelo motivo lógico de que não haveria ainda propriamente ato normativo a ser controlado. No julgamento do MS 20.257/80[204] discutia-se a possibilidade de emenda constitucional prorrogar mandatos eletivos de dois para quatro anos, antevendo-se possível ofensa ao princípio da temporalidade dos mandatos, essencial à República, considerada cláusula pétrea.

---

[204] *EMENTA* - Mandado de segurança contra ato da Mesa do Congresso que admitiu a deliberação de proposta de emenda constitucional que a impetração alega ser tendente a abolição da república.
- Cabimento do mandado de segurança em hipóteses em que a vedação constitucional se dirige ao próprio processamento da lei ou da emenda, vedando a sua apresentação (como é o caso previsto no parágrafo único do artigo 57) ou sua deliberação (como na espécie). Nesses casos, a inconstitucionalidade diz respeito ao próprio andamento do processo legislativo, e isso a Constituição não quer - em face das gravidades dessas deliberações, se consumadas - que sequer se chegue à deliberação, proibindo-a taxativamente. A inconstitucionalidade, se ocorrente, já existe antes de o projeto ou de a proposta se transformar em lei ou em emenda constitucional, porque o próprio processamento já desrespeita, frontalmente, a Constituição.
- Inexistência, no caso, da pretendida inconstitucionalidade, uma vez que a prorrogação de mandato de dois para quatro anos, tendo em vista a conveniência da coincidência de mandatos nos vários níveis da Federação, não implica introdução do princípio de que os mandatos não mais são temporários, nem envolve, indiretamente, sua adoção de fato.
Mandado de segurança indeferido. (Rel. Ministro Moreira Alves. 08/10/1980)

No voto vencedor, que inaugurou a divergência, o Ministro Moreira Alves apontou que não poderia admitir um controle de constitucionalidade preventivo que levasse em conta possível ofensa a princípio constitucional. Assentou que o controle preventivo ocorre unicamente em face da própria tramitação do projeto de emenda constitucional, eis que a Constituição vedava qualquer deliberação tendente a abolir cláusulas pétreas. Sendo assim, teria o parlamentar direito líquido e certo a não se submeter a um processo legislativo que a própria Constituição, desde o início, já vedava. Ao final, mesmo tendo declarado que tal forma de controle não poderia utilizar como parâmetro um princípio constitucional, acabou tecendo considerações sobre o mérito em si da proposição, entendendo que a mera prorrogação dos mandatos eletivos não ofenderia o princípio republicano. Abria-se a porta, então, para o controle preventivo material.

O conteúdo do voto, assim, demonstra um dos vícios apontados no capítulo II: a falta de coerência interna entre os próprios fundamentos lançados. Ora, é contraditória a afirmação em torno da impossibilidade de controle preventivo sobre o conteúdo do projeto e, em seguida, sustentar que a proposição acima descrita não violava o princípio republicano. Para se chegar a tal conclusão, necessariamente, tem-se uma análise de conteúdo. O Relato, assim, não se limitou a elencar possíveis vícios formais no processo legislativo, como dava a entender que o faria. Essa imprecisão gerou dificuldade para a Corte nos casos seguintes, servindo tal voto para justificar tanto um controle preventivo material como formal.

Por outro lado, no julgamento do MS 24.667/03[205], o STF restringe o controle de constitucionalidade preventivo somente às possíveis

---

[205] EMENTA: CONSTITUCIONAL. PODER LEGISLATIVO: ATOS: CONTROLE JUDICIAL. MANDADO DE SEGURANÇA. PARLAMENTARES.

I – O Supremo Tribunal Federal admite a legitimidade do parlamentar – e somente do parlamentar – para impetrar mandado de segurança com a finalidade de coibir atos praticados no processo de aprovação de lei ou emenda

ofensas às regras do processo legislativo. Curiosamente, é citado como *leading case* o MS 20.257/DF o qual, na melhor das hipóteses, não foi claro acerca dos limites do controle preventivo, como dito. Mais que isso: o precedente firmado no MS 20.257 referia-se a projeto de emenda constitucional, não projeto de lei, até porque a redação do texto constitucional da época, de modo semelhante ao atual, somente fazia referência expressa às emendas constitucionais[206]. A diferença é relevante, nos estritos termos da argumentação do STF: enquanto no projeto de lei há mais uma fase política capaz de eliminar a inconstitucionalidade sem a interferência do Poder Judiciário, qual seja, o veto presidencial, tal não ocorre nos projetos de emenda. Logo, não se trata de uma diferença menor, que deveria ter sido enfrentada pela Corte quando da aplicação do precedente. Perceba-se, mais uma vez, as dificuldades para se lidar com precedentes, como enfrentado no capítulo II.

Finalmente, em 2013 o STF, de maneira clara e categórica, veda o controle de constitucionalidade judicial preventivo material de projeto de lei ao julgar o MS 32.033/2013. De acordo com o voto do Ministro Teori Zavascki, relator para o acórdão por ter iniciado

---

constitucional incompatíveis com disposições constitucionais que disciplinam o processo legislativo.

II - Precedentes do STF: MS 20.257/DF, Ministro Moreira Alves (*leading case*) (RTJ 99/1031); MS 20.452/DF, Ministro Aldir Passarinho (RTJ 116/47); MS 21.642/DF, Ministro Celso de Mello (RDA 191/200); MS 24.645/DF, Ministro Celso de Mello, DJ de 15/09/2003; MS 24.593/DF, Ministro Maurício Corrêa, DJ de 08/08/2003; MS 24.576/DF, Ministra Ellen Gracie, DJ de 12/09/2003; MS 24.356/DF, Ministro Carlos Velloso, DJ de 12/09/2003.

III - Agravo não provido. (MS 24667 AgR, Relator(a): Min. CARLOS VELLOSO, Tribunal Pleno, julgado em 04/12/2003, DJ 23-04-2004 PP-00008 EMENT VOL-02148-04 PP-00714)

[206] Art. 47. A Constituição poderá ser emendada mediante proposta:

I - de membros da Câmara dos Deputados ou do Senado Federal; ou

II - do Presidente da República.

§ 1º Não será objeto de deliberação a proposta de emenda tendente a abolir a Federação ou a República.

a divergência em relação ao voto proferido pelo Ministro Gilmar Mendes, o controle judicial preventivo somente pode ser admitido em duas hipóteses: 1) tramitação de projeto de emenda constitucional que ofenda cláusulas pétreas; 2) tramitação de projeto de lei que desrespeite as regras o processo legislativo. As justificativas para tal distinção são: a) literalidade do art. 60, § 4º, da Constituição, o qual veda a deliberação de projetos de emendas constitucionais (não de projetos de lei) potencialmente violadores de cláusulas pétreas; e b) a possibilidade de o Presidente da República vetar projeto de lei, hipótese inexistente no caso de projeto de emenda constitucional.[207]

A partir dessa distinção firmada pelo Ministro Teori Zavascki é que se deve compreender o texto da ementa do julgado que, de forma categórica, veda o controle material preventivo. Em relação aos projetos de lei, tal vedação é absoluta. Em relação aos projetos de emenda constitucional, não: para se analisar o vício formal na deliberação, é necessário adentrar o conteúdo da cláusula pétrea.

Em tal mandado de segurança, o STF firmou a necessidade de se aguardar o término da tramitação legislativa para analisar eventuais incompatibilidades materiais, as quais poderiam muito bem ser superadas no curso do processo legislativo. Nessa linha, expressamente consignou:

---

[207] "Somente em duas situações a jurisprudência do STF abre exceção a essa regra: a primeira, quando se trata de Proposta de Emenda à Constituição - PEC que seja manifestamente ofensiva a cláusula pétrea; e a segunda, em relação a projeto de lei ou de PEC em cuja tramitação for verificada manifesta ofensa a alguma das cláusulas constitucionais que disciplinam o correspondente processo legislativo. Nos dois casos, as justificativas para excepcionar a regra estão claramente definidas na jurisprudência do Tribunal: em ambos, o vício de inconstitucionalidade está diretamente relacionado a aspectos formais e procedimentais da atuação legislativa. Assim, a impetração de segurança é admissível, segundo essa jurisprudência, porque visa a corrigir vício já efetivamente concretizado no próprio curso do processo de formação da norma, antes mesmo e independentemente de sua final aprovação ou não." Voto do Ministro Teori Zavascki, p. 4 (página 140 do acórdão).

> Quanto mais evidente e grotesca possa ser a inconstitucionalidade material de projetos de leis, menos ainda se deverá duvidar do exercício responsável do papel do Legislativo, de negar-lhe aprovação, e do Executivo, de apor-lhe veto, se for o caso. Partir da suposição contrária significaria menosprezar a seriedade e o senso de responsabilidade desses dois Poderes do Estado[208].

Eis, então, este precedente recente do STF sobre o tema, vedando, assim, o controle preventivo material em projetos de lei. Em seguida, sustentar-se-á, como dito anteriormente, que mesmo o controle preventivo formal sobre projetos de lei é inconstitucional, em face da regra prevista no art. 60, § 4º.

4. Diálogos institucionais perigosos – a prematura intromissão do Direito na Política

A ideia de que a melhor palavra sobre o controle de constitucionalidade esteja sempre com o Poder Judiciário ou com quaisquer dos Poderes isoladamente considerados é falsa. Historicamente, há diversos exemplos de abusos cometidos por Chefes do Poder Executivo, Parlamentares e Juízes no exercício da jurisdição constitucional. O Brasil não adota um modelo institucional que privilegie o controle de constitucionalidade fraco, como o faz, por exemplo, o Reino Unido ou o Canadá. Mas nem por isso a busca por diálogo institucional deve ser abandonada pelos juízes do STF.

A obra "Direitos fundamentais, separação de poderes e deliberação", de Conrado Hübner Mendes[209], busca demonstrar, dentre tantas outras teses, como o controle de constitucionalidade baseado em teorias do tipo "última palavra" supervalorizam exclusivamente as Cortes ou os Parlamentos, quando tal mister é atribuído a quaisquer

---

208 MS 32.033/DF. Rel. Ministro Teori Zavascki. 20/06/2013.

209 MENDES, Conrado Hübner. *Direitos Fundamentais, separação de poderes e deliberação.* São Paulo: Saraiva, 2011.

desses atores. O autor sustenta um modelo mais democrático e adequado de controle de constitucionalidade, baseado não num "monólogo" da Corte, mas num diálogo entre esta e o Parlamento.

Para tanto, ele analisa diversas vantagens e desvantagens ínsitas à atividade judicante e parlamentar. Reconhecendo que ambas possuem virtudes e deméritos, sua conclusão não poderia ser outra: somente um modelo dialogal de controle de constitucionalidade pode combinar o que de melhor ambas as instituições podem oferecer, diminuindo os riscos de seus defeitos aflorarem no momento decisório.

A metodologia empregada pelo autor na análise do confronto entre Cortes e Parlamentos é a seguinte: 1) argumentar em defesa das Cortes, citando suas qualidades e, ao mesmo tempo, argumentar contra os Parlamentos, atacando seus defeitos; e 2) em seguida, argumenta-se a favor dos Parlamentos, citando suas virtudes para, adiante, atacar as Cortes e denunciar suas falhas.

Obviamente, num contexto como o brasileiro, não há como sustentar a inexistência de um controle judicial forte, tendo em vista as diversas disposições constitucionais que alocam muito mais poder no Judiciário para o enfrentamento dessas questões. Tais dispositivos, no entanto, não conferem poder para o STF invalidar projetos de lei: a literalidade do art. 60, § 4º, aponta para o controle sobre emendas constitucionais e, além disso, há deliberação política em curso, capaz, por si só, de superar eventual inconstitucionalidade, como adiante será explicitado. As considerações dialógicas propostas por Conrado Hübner Mendes, assim, restariam impossibilitadas com a intromissão prematura do direto na política: não há diálogo se um dos interlocutores sequer aguarda o outro se manifestar.

No sistema brasileiro, é difícil supor que uma matéria de alta relevância não seja levada ao STF, tamanha a quantidade de legitimados para deflagrar o controle concentrado. Logo, tem-se mais um argumento contra a intromissão prematura do direito na política. Além disso, o fator temporal não pode ser desconsiderado, no sentido de que ante a farta produção normativa do Parlamento, é possível que eventual ato normativo inconstitucional produza efeitos por muito tempo, ante a impossibilidade de o STF decidir em tempo ótimo. Assim, a possibilidade de a violação constitucional permanecer indefinidamente no tempo, autoriza a busca por outro modelo de controle de constitucionalidade que proporcione mais diálogo entre Corte e Parlamento, pois esta última instituição, em tendo cada vez mais senso de responsabilidade constitucional, pode ajudar na superação de tais inconstitucionalidades, com a aprovação, por exemplo, de leis revogadoras. Em outras palavras: é justamente a partir da consciência em torno dos limites da atuação judicial (no caso, conseguir superar todas as possíveis inconstitucionalidades num tempo ótimo) que se pode ter um argumento a mais para soluções dialogadas no controle de constitucionalidade, com os demais atores políticos ocupando espaço antes concentrado somente no Judiciário.

É justamente um fechamento prematuro que se tem no debate constitucional quando não se admite, sequer, a tramitação de projeto de lei. Relembre-se que a redação do art. 60, § 4º, da Constituição de 1988 não admite a deliberação de proposta de emenda constitucional que tenda a abolir cláusula pétrea, nada dizendo expressamente acerca de projeto de lei. Não se deve esquecer que os parlamentares exercem controle de constitucionalidade não somente quando da análise do projeto nas Comissões de Constituição e Justiça: a qualquer momento pode ser apresentada emenda que corrija algum dispositivo ou, ao final, pode mesmo haver a rejeição da proposta. Se há possibilidade de a política resolver a inconstitucionalidade, a intervenção do Direito mostra-se prematura e demonstrando-se como as relações entre Direito e Política devem ser levadas mais a sério pelos juízes, justificando-se uma investigação específica em torno do tema e da consequente legitimidade do controle judicial de constitucionalidade.

4.1 A relação entre Política e Direito

Vive-se num período de indignação com a Política e isso tem afetado a atuação judicial, como se constata a partir da tentativa de intromissões judiciais cada vez mais prematuras como a ora estudada. Pelo menos três tipos de oposição ao fenômeno político são encontradas nas sociedades, em maior ou menor medida: a) aquelas posições que buscam destruir ou sequestrar a política, a partir da sua colonização pelo poder da mídia ou dos mercados; b) outras fundadas na indiferença das pessoas em geral com a política, sendo tal passividade, muitas vezes, convenientemente utilizadas por aqueles que querem se aproveitar da política; e c) finalmente, aquelas posições marcadas pelas pessoas que até se interessam pela política, mas na óptica de um observador externo ou de "clientes enfurecidos e que acaba por destruir as condições que tornam possível o desenvolvimento de uma vida verdadeiramente política".[210]

Daniel Innerarity, partindo dessas constatações, busca demonstrar os riscos que a frustração popular pode gerar para a democracia, não para negar os problemas evolvendo a política, mas, sim, para criticar qualquer tentativa de excluir tal dimensão da vida humana. Essa possibilidade, para o autor, é real a partir do momento que salvadores da pátria midiáticos, com o amplo beneplácito popular, ou o poder dos mercados, exclusivamente, ditam os rumos da política.[211]

Toda essa frustração não seria, pelo menos em parte, fruto de contradições da própria sociedade? Partindo da premissa de que as eleições ocorrem sem fraudes, deve-se reconhecer que os representantes do povo foram legitimamente colocados nos parlamentos,

---

[210] INNERARITY, Daniel. *A politica em tempos de indignação – a frustração popular e os riscos para a democracia*. Tradução de João Pedro George. Rio de Janeiro: LeYa, 2017. Posição 310. O autor lança os três perfis a partir de uma consideração atual da idiotice humana, levando em conta a origem grega da expressão, a qual representava as pessoas que não se interessavam pelos assuntos políticos da *polis*.

[211] Idem. Posição 402.

para, justamente, fazer com que o povo não precisasse se preocupar com a política a todo instante de suas vidas. É necessário, assim, a promoção de uma autocrítica social e o autor o faz a partir da constatação de diversas contradições, as quais, no mínimo, deveriam servir para promover uma reflexão sobre a política que abolisse ou diminuísse sensivelmente a oposição "cidadãos de bem x políticos"[212].

A demonização da política em geral só interessa aos grupos que já detém algum tipo de poder, como econômico, midiático ou jurídico. Para a massa da população, destituída de qualquer forma de poder, é a política a única esperança.[213] É nesse cenário de indignação e incerteza com a política que o Direito vai com ela se relacionar. Mas ainda não enfrentamos uma questão central: o que é política?

Dimitri Dimoulis define política como um processo social[214] com quatro características: a) possui sede institucional no Estado; b) busca a tomada de decisões a partir de atuação coletiva das pessoas;

---

212 "A repreensão ritual lançada aos políticos nos permite escapar de algumas críticas que, se não fosse por eles, teríamos de dirigir a nós mesmos. Faz sentido alimentar certas críticas em relação aos nossos representantes políticos e, ao mesmo tempo, exibir a inocência dos representados? Há uma contradição no fato de se pretender que nossos representantes sejam como nós e, ao mesmo tempo, esperar deles qualidades de elite. É impossível que umas elites tão incompetentes tenham surgido de uma sociedade que, aparentemente, sabe muito bem aquilo que é preciso fazer. Aqui se torna evidente que o populismo é um "elitismo invertido", ou seja, um modo de pensar que não se baseia na crença de que o povo é igual aos seus governantes, mas que é melhor que seus governantes (SHILS, 1956, p. 191). Se os políticos fazem tudo tão mal, não é verossímil que os outros, todos nós, tenham feito tudo bem. Não estaríamos usando os políticos para exorcizar os nossos próprios demônios de culpabilidade e frustração?" Idem. Posição 450.

213 Idem. Posição 563.

214 "Processos sociais são relações que se travam de homem a homem, entre grupos e homens ou entre grupos sociais, dentro da estrutura ampla da sociedade". FERREIRA, Luís Pinto. *Sociologia*. Rio de Janeiro: Konfino, 1955, Tomo I, p. 140-141. Apud TABOSA, Agerson. *Sociologia geral e jurídica*. Fortaleza: Qualygraf Editora e Gráfica, 2005, p. 123.

c) busca alguma forma de transformação social; e d) é atividade racional e, normalmente, pacífica.[215] O autor elenca, ainda, o pouco cuidado que a doutrina jurídica trata das relações entre Direito e Política, possivelmente fruto da visão predominantemente apologética que se tem sobre o Direito.

Analisando tais características, pode-se dizer que: a) apesar de os particulares exercerem notável influência na tomada das decisões políticas, estas somente são tomadas no Estado, através da atuação de agentes oficiais; b) somente alguns tipos de atos de coordenação coletiva podem levar à tomada de decisões políticas, como protestos; c) a política incide sobre algum tema controvertido na sociedade, o qual merece decisão coletiva, como a necessidade de salário mínimo ser suficiente para uma série de finalidades, ou seja, caso tais necessidades humanas não existissem, não haveria necessidade de a política se preocupar com isso, buscando alterar a realidade; e d) sendo a divergência típica da política, somente a partir da busca pelo convencimento racional as posições de um grupo podem se impor às de outro. Sendo algo racional, é atividade que, normalmente, desenvolve-se de modo pacífico, não se excluindo, no entanto, ações violentas eventuais[216].

Mas existe uma relação entre Direito e Política? Entende-se que sim. Dieter Grimm, em texto sempre citado sobre o tema, aponta que a política cria o Direito nas sociedades modernas. Após traçar evolução histórica acerca das atividades política e jurídica, o autor aponta que a política cria o Direito quando, por exemplo, tem-se a edição de uma Constituição pelo poder constituinte originário e este, por sua vez, submete a política ordinária quando esta vai elaborar as leis[217].

---

[215] DIMOULIS, Dimitri. Ob. cit., p. 67-70.

[216] DIMOULIS, Dimitri. Ob. cit., p. 67-70.

[217] GRIMM, Dieter. *Constituição e Política*. Tradução de Geraldo de Carvalho. Belo Horizonte: Del Rey, 2006, p. 10.

Tal restrição à atividade política, mediada pelo exercício do controle de constitucionalidade pelos juízes, vai trazer novo problema: o risco de politização da justiça, a qual, a pretexto de exercer tal controle, profere "decisões políticas em uma roupagem com forma de justiça".[218] Essa é uma das questões mais sensíveis e controversas envolvendo a jurisdição constitucional, pois passa pela grave acusação, cada vez mais recorrente no Brasil, de que juízes, a pretexto de aplicar o Direito, estão agindo politicamente.

4.2 Como a soberania popular é ofendida e como a indignidade da legislação é potencializada através do controle judicial preventivo - um diálogo entre Martônio Mont´Alverne Barreto Lima e Jeremy Waldron

O presente tópico explora as ideias em torno da legitimidade do controle de constitucionalidade, propondo um diálogo entre Jeremy Waldron e Martônio Mont´Alverne Barreto Lima. Jeremy Waldron, pensador vinculado à filosofia do direito analítica inglesa que parte do debate entre Herbert Hart e Ronald Dworkin para defender um positivismo jurídico que: a) proscreva, pelo menos, o controle forte de constitucionalidade; b) prescreva que juízes decidam as questões sem referência à moralidade. Martônio Mont´Alverne Barreto Lima, por sua vez, é pensador do direito brasileiro vinculado à teoria constitucional continental alemã, desenvolvendo suas teses a partir da leitura que Ingeborg Maus apresenta sobre Kant e a defesa deste da soberania popular para defender uma espécie de pós-positivismo capaz de: a) manter o poder político nas mãos do povo; e b) reconhecer que o controle de constitucionalidade é um instrumento conservador. É possível constatar, facilmente, que ambos os autores apresentam fortes críticas ao modelo de controle judicial de constitucionalidade a partir dos impactos na democracia e na soberania popular.

---

218 GRIMM, Dieter. Ob. cit., p. 16.

Num dos textos mais instigantes acerca da legitimidade democrática do controle judicial no Brasil, Martônio Mont´Alverne problematiza a legitimidade democrática de tal prática a partir da soberania popular, como dito. Nesse sentido, apresenta leitura de Kant efetivada por Ingeborg Maus, a qual sustenta que Kant deve ser lido como um defensor da soberania popular na exata medida em que, ao criticar a democracia direta ateniense, ele o fez porque em tal modelo aqueles que faziam a lei eram os mesmos que a executavam. Desse modo, haveria somente uma aparência de democracia direta, pois os órgãos do próprio estado eram controlados por este, não pelo povo[219].

A hipótese de Martônio é a seguinte: da mesma forma que a democracia ateniense, na visão de Kant, não estava realmente dominada pelo povo, também as democracias contemporâneas, como a brasileira, ao estabelecer um instrumental em torno do controle judicial de constitucionalidade, padeceriam de mal semelhante, sendo o povo agora tutelado pelo Poder Judiciário numa espécie de neoconservadorismo[220].

Esse neoconservadorismo, num primeiro momento, é analisado pelo autor a partir de aspectos históricos, demonstrando como os juristas estiveram ao lado de regimes autoritários, justificando atrocidades como o nazismo. Foi o caso, por exemplo, de Carl Schmitt na Alemanha[221]. Em relação especificamente ao controle

---

[219] Este ponto de partida é essencial para a tese do autor, o qual sustenta, logo em seguida: "Aqui reside a distinção firme e significativa que Kant impõe em duas categorias distintas: a de separação de poderes e de representação política. Não há como reivindicar democracia para um determinado espaço político onde inexista uma clara e precisa separação de poderes do Estado. É, pois, nessa direção, que se manifesta minha sintonia com essa ideia". BARRETO LIMA, Martônio Mont'Alverne. Justiça constitucional e democracia: perspectivas para o papel do Poder Judiciário. In: *Revista da Procuradoria Geral da República*, nº 8, jan./jun. Editora Revista dos Tribunais, 1996, p. 85.

[220] Para o autor, posturas conservadoras são aquelas que, apesar dos diversos matizes e variações, opõem-se aos valores iluministas. Ob. cit., p. 88-89.

[221] Ob. cit., p. 89.

de constitucionalidade, o autor é claro ao apontar que Marbury x Madson, a famosa decisão da Suprema Corte americana em 1803 tida como inaugural acerca da revisão judicial da lei, deve ser interpretada como uma grande vitória dos juristas na recuperação do seu poder anteriormente perdido, eis que constituições francesas, por exemplo, vedavam expressamente a possibilidades de juízes interpretarem a Constituição[222].

O autor continua sua sustentação apresentando um exemplo da falta de controle sobre a atuação dos juízes constitucionais a partir do julgamento efetivado pelo Supremo Tribunal Federal no caso do *impeachment* do ex-Presidente Collor de Mello[223]. Em tal caso, o STF admitiu a possibilidade de exercer controle sobre tal processo, restringindo-se a garantir o devido processo legal e o direito de defesa do acusado. Para Martônio Mont´Alverne, a Constituição é clara ao apontar a competência do Poder Legislativo para efetivar tal julgamento, sendo que, "ao conhecer o pedido e apreciá-lo, o STF entendeu ser competente para esse tipo de processo, exclusividade do Legislativo."[224]

O autor finaliza seu texto apontando que reconhece as dificuldades em torno de qualquer mudança constitucional que buscasse

---

[222] Idem, p. 93. Com a possibilidade de os juízes exercerem o controle de constitucionalidade, os limites às práticas sociais não seriam mais conferidos pelo povo, mas, sim, pela interpretação judicial: "o resultado da interpretação constituição por juízes permaneceria sempre dependente de uma determinada ordem constitucional, a qual exclui e limita uma movimentação dos distintos atores sociais, no sentido e se alterar esta mesma dada ordem jurídica constitucional (*sic*). Em outras palavras: práticas oriundas do exercício da soberania popular, encontrariam não no próprio povo seus limites, mas sim na interpretação do texto constitucional. Ainda que uma interpretação constitucional vinda de um tribunal estivesse em sintonia com a vontade popular, restariam abertas as perguntas em torno do caráter apriorístico (que o iluminismo sempre ressaltou) e da legitimidade dessa interpretação, que Kant destacou". Idem, p. 95.

[223] MS 21.546-0/DF.

[224] Idem, p. 98.

retirar do Poder Judiciário a competência para exercer o controle de constitucionalidade, reconfigurando o próprio modelo de separação de Poderes como um todo. No entanto, ele é claro ao apontar, vigorosamente, que, uma mudança desse tipo em sendo "produto da participação popular, restaria de inestimável auxílio à consolidação de nossa jovem democracia"[225].

Jeremy Waldron é outro pensador que contribui para o estudo da legitimidade do controle de constitucionalidade. A preocupação primeira de Waldron é resgatar a dignidade da legislação, perquirindo porque essa atividade fruto da regra majoritária é tão mal vista, de um modo geral, até mesmo pelos pensadores do direito. Na verdade, a legislação sequer foi fruto de estudos mais aprofundados, não tendo os estudiosos se preocupado em fazer pelos legisladores ou pela lei algo parecido que Dworkin fez em relação aos juízes e a decisão judicial a partir de seu juiz Hércules.[226]

---

[225] Idem, p. 100.

[226] Dworkin assenta que, nos casos difíceis, ou seja, nos problemas cuja solução não seria claramente aferível pelo juiz partindo da análise das normas que regulam a controvérsia, a argumentação jurídica versa sobre conceitos contestados, como o conceito de propriedade ou contrato. Além disso, versa sobre conceitos como os de "intenção" ou "propósito" da lei, bem como sobre qual seria o conceito adequado dos princípios, fundamento das regras. Para o deslinde dos casos difíceis, o juiz deve alcançar a exata compreensão dessas duas dimensões, perquirindo a intenção da lei e o que se entende pelos princípios aplicáveis ao caso em análise. Nesse sentido, Dworkin cria a figura de um juiz extraordinário, cuja capacidade, sagacidade, paciência e sabedoria estariam além das qualidades humanas normais, e cuja função precípua seria desenvolver teorias aptas a resolver aqueles dois questionamentos mencionados, atinentes aos casos difíceis. Esse juiz aceita as concepções básicas sobre a necessidade de se seguir um precedente judicial antes firmado pelos outros juízes e tribunais, utilizando-o numa situação assemelhada, bem como o fato de a lei ter o poder de criar e extinguir direitos jurídicos. É compreensível a crítica de Waldron, pois mesmo sendo o juiz Hércules um ideal, algo como o "legislador Hércules" sequer é admitido na filosofia política contemporânea. DWORKIN, Ronald. *Levando os direitos a sério*. Tradução de Nelson Boeira. São Paulo: Martins Fontes, 2002, p. 164-166.

Desse modo, na obra "A dignidade da legislação"[227] Waldron vai buscar as razões para a indignidade da legislação, apontando as principais críticas feitas a ela e buscando sua fonte de inspiração em filósofos não diretamente ligados à defesa da lei, tais como Locke, Aristóteles e Kant. Num primeiro momento, portanto, a tarefa de Waldron é colocar a lei no centro dos estudos da filosofia política. Fazendo isso, o autor começa sua investida contra Dworkin, atacando um dos pilares argumentativos deste: a valorização da decisão judicial como principal ato estatal que dispõe sobre direitos.

Em seguida, em "Law and disagreement"[228], Waldron aponta que o direito e os desacordos andam juntos. Assim, a existência de desacordos não demonstra uma crise no direito, pois aqueles são da própria essência deste. Com tantos desacordos entre os homens, não sendo exagero dizer que se vive mesmo num mundo de desacordos, a legitimidade para dispor sobre eles só pode ser da legislação. Assim, Waldron coloca o direito à participação nas decisões públicas como o "direito dos direitos", cabendo à lei decidir por último nos casos de discordância moral entre os membros da sociedade. Com essa segunda argumentação, Waldron confronta outra ideia base de Dworkin: a de que os Tribunais são as instâncias mais adequadas para resolver questões de desacordo moral, já que o debate legislativo tende a ser viciado. Na sua empreitada inicial, Waldron coloca, de maneira bem realista, o atual estágio da reputação da atividade legislativa, demonstrado seu descrédito popular:

> As pessoas convenceram-se de há algo indecoroso em um sistema no qual uma legislatura eleita, dominada por partidos políticos e tomando suas decisões com base no

---

[227] WALDRON, Jeremy. *A dignidade da legislação*. Tradução de Luís Carlos Borges. São Paulo: Martins Fontes, 2003.

[228] WALDRON, Jeremy. *Law and disagreement*. Oxford: Oxford University Press, 1999.

> governo da maioria, tem a palavra final em questões de direito e princípios. Parece que tal fórum é considerado indigno das questões mais graves e sérias dos direitos humanos que uma sociedade moderna enfrenta. O pensamento parece ser que os tribunais, com suas perucas e cerimônias, seus volumes encadernados em couro e seu relativo isolamento ante a política partidária, seja um local mais adequado para solucionar questões desse caráter[229].

Waldron aponta, inicialmente, dois grandes obstáculos para o reconhecimento da dignidade da legislação e os confronta em seguida. Primeiramente, ter-se-ia a crítica corrente feita ao tamanho das assembleias legislativas, partindo-se da premissa de que um grande número de legisladores só faz diminuir a qualidade da legislação, uma vez que os jogos de poder, as negociatas e os acordos espúrios teriam ainda mais chance de se disseminar. Como a ampla maioria das assembleias contemporâneas apresenta-se numerosa, a crítica feita deve ser considerada e respondida corretamente[230].

Uma segunda crítica feita à legislação, essa mais difundida, seria o caráter autoritário que a mesma ostentaria, pois, apesar de fruto da deliberação popular, seria derivada de uma mera contagem de cabeças, já que a regra da maioria é que a origina. Nesse sentido, não haveria nada de democrático na legislação, pois a premissa majoritária que a fundamenta pode ser muito bem utilizada por grupos de terroristas cuja divergência sobre qual seria seu próximo alvo demandaria o recurso à opção da maioria. Se levado ao extremo tal argumento, no entanto, o próprio direito constitucional americano não seria nada democrático, pois as decisões da Suprema Corte também são tomadas por maioria de votos.

---

229 WALDRON, Jeremy. *A dignidade da legislação*. Tradução de Luís Carlos Borges. São Paulo: Martins Fontes, 2003, p. 5.

230 WALDRON, Jeremy. *A dignidade da legislação*. Tradução de Luís Carlos Borges. São Paulo: Martins Fontes, 2003, p. 40-41.

Essa visão autoritária, então, deve ser desconstruída. Para tanto, Waldron busca analisar as relações entre a maioria e a minoria, partindo da busca pelo consentimento. Será que as deliberações majoritárias, necessariamente, oprimem a minoria? Essa questão serve para se buscar a legitimidade da regra da maioria.

Nem sempre uma maioria deve ser chamada de tirânica pelo simples fato de ser maioria. A existência de minorias na sociedade não converte, automaticamente, a maioria em tirania, eis que a minoria, de fato, pode não ter o direito que supõe ter. Para determinar se a maioria realmente é tirânica, é necessário mais que uma simples vitória no parlamento, do contrário sempre haveria tirania, em qualquer votação. Há opressão da maioria, assim, quando os interesses da sociedade coincidem com interesses pessoais da maioria votante: parlamentares senhores de escravos ou parlamentares brancos preconceituosos não possuem qualquer interessem a votar a favor de leis contra a discriminação racial. Quando há coincidência entre a maioria decisória (que vota o projeto de lei) e a maioria tópica (que é beneficiada pessoalmente pela lei), ter-se-ia tal tirania.[231] Desse modo, presumir a tirania da maioria e a indignidade da legislação dela decorrente é incorreto. É essencial, portanto, perquirir se há coincidência entre o que Waldron chama de maioria decisória e maioria tópica para se caracterizar a tirania da maioria, capaz de violar direitos e, sob certos pressupostos, admitir o controle judicial de constitucionalidade. Essa é a primeira demonstração, portanto, contra a tese de que a maioria sempre oprime a minoria, através da regra majoritária.

---

231 "Em alguns casos, a qualidade de membro da maioria decisória pode ser a mesma daquela da maioria tópica e a qualidade de membro da minoria decisória – aqueles que votaram contra a injustiça – pode ser a mesma daquela da minoria tópica. Isso é frequentemente verdadeiro no caso de injustiça racial, por exemplo: legisladores brancos (maioria decisória) votam a favor de privilégios para brancos (maioria tópica); legisladores negros perdem na batalha por direitos

Aprofundando a relação entre maioria e minoria, Waldron parte de três considerações, lendo John Locke e seu "Segundo tratado sobre o governo". Em primeiro lugar, a deliberação pública numa sociedade civil deve buscar não só o respeito à regra da maioria, mas também a própria coesão e manutenção dessa sociedade. Assim, se uma decisão tomada pela maioria leva a uma revolta por parte da minoria a ponto de ela buscar uma separação, de nada adiantou se respeitar a regra majoritária. Em segundo lugar, a decisão fruto da deliberação pública será aquela que encontrar a adesão de mais pessoas, levando em conta somente as matérias que foram levadas ao debate, não se admitindo uma solução meio-termo ou vetorial, a menos que tal solução tenha sido também posta em votação. Finalmente, a regra da maioria pressupõe que todos os participantes tenham igual poder de voto, pois se uma minoria detém um voto qualificado, a decisão será fruto da deliberação destes, não da maioria[232].

---

para negros. Esses são os casos, na minha opinião, com os quais deveríamos estar especialmente preocupados quando falamos da 'tirania da maioria'.
(...)
O ponto a lembrar aqui é que nada de tirânico acontece a mim meramente em virtude do fato de a comunidade da qual sou membro não ter agido de acordo com minha opinião. Contanto que a opinião de acordo com a qual se age leve meus interesses em consideração juntamente com os das outras pessoas, o fato de minha opinião não ter prevalecido, em si, não é uma ameaça aos meus direitos, ou à minha liberdade ou ao meu bem-estar. Nada disso muda necessariamente caso eu seja também um membro da minoria tópica cujos direitos estão em questão. Pessoas - incluindo membros de minorias tópicas - não têm necessariamente os direitos que pensam ter. Elas podem estar erradas quanto aos direitos que têm; a maioria pode estar certa. Discussões responsáveis sobre 'tirania da maioria' manterão essas colocações analíticas em mente." WALDRON, Jeremy. A essência da oposição ao judicial review. In: BIGONHA, Antônio Carlos Alpino; MOREIRA, Luiz. (Orgs.). *Legitimidade da jurisdição constitucional*. Rio de Janeiro: Lumen Juris Editora, p. 147-148.

232 WALDRON, Jeremy. *A dignidade da legislação*. Tradução de Luís Carlos Borges. São Paulo: Martins Fontes, 2003, p. 159-160.

A primeira consideração em torno da coesão da sociedade é um dos argumentos mais fortes para justificar a dignidade da legislação. Por meio de tal coesão, está explicado porque as decisões da maioria não oprimem a minoria. O entendimento de tal explicação demanda uma análise do consentimento que os membros da sociedade civil manifestaram quando da criação dela.

Nesse momento, os indivíduos, além de abrir mão de parte de sua liberdade em prol de um sistema estatal que lhes assegurasse o bem comum, também consentiram em aceitar as deliberações públicas fruto da maioria. Esse consentimento original foi dado de maneira unânime, pois do contrário não haveria sequer o surgimento da sociedade civil. No entanto, requerer que as deliberações posteriores também fossem tomadas somente através de uma votação por unanimidade não se afigura razoável, tamanha as divergências existentes entre os homens[233].

Desse modo, a regra da maioria, quando compreendida a partir desse consentimento original para a formação da sociedade civil, demanda uma dupla exortação para os membros da sociedade: 1) o respeito à regra da maioria; e 2) a necessidade que essa minoria permanecer unida ao restante da sociedade. Tal necessidade de coesão é imprescindível para se assegurar a vitória da maioria, pois o poder político desta depende da estabilidade social. Assim, há uma verdadeira simbiose entre a maioria e a minoria, pois aquela precisa desta.

Mas o que garante a compreensão da minoria e determina sua manutenção na sociedade? É justamente a ideia de que a derrota no processo majoritário é algo melhor que a desagregação. Nessa ponderação entre o que é pior ou menos pior é que a maioria desempenha um papel chave, buscando, na deliberação a qual se sagrou vitoriosa, instigar aos membros da minoria a escolha pela coesão. Sendo assim, a decisão majoritária não pode tudo, nem muito menos tende a oprimir a minoria, pois, se isso acontecer, a vitória alcançada

---

[233] WALDRON, Jeremy. *A dignidade da legislação*. Tradução de Luís Carlos Borges. São Paulo: Martins Fontes, 2003, p. 166.

não poderia ser fruída, ante a desagregação social. Como a maioria, evidentemente, deseja usufruir seus ganhos, ela deseja a manutenção da sociedade, o que só é possível com o respeito a um mínimo de direitos que garantam a coesão social por parte da minoria. Em suma: se a minoria se mantém unida, mesmo derrotada, ela não foi oprimida pela maioria.

Essa visão da decisão majoritária não garante uma decisão correta, mas, sim, uma decisão legítima, apta a respeitar direitos, não se preocupando somente com argumentos de política, pois, como visto, há uma preocupação com a continuidade e estabilidade sociais. Para Waldron, portanto, aquele consentimento original necessário para a formação da sociedade civil contribui para o argumento de defesa da decisão majoritária e, por conseguinte, para a dignidade da legislação.

Repita-se: deve-se reconhecer, no entanto, que podem existir patologias em certas sociedades que impeçam a maioria de levar os direitos da minoria a sério. Nesses casos, o controle judicial seria justificado.

Waldron inicia sua obra sobre direitos e desacordos apontado que o mundo está repleto de desacordos, a ponto de as pessoas divergirem sobre quais direitos devam constar numa Constituição, quais desses direitos são extensíveis a elas e, concretamente, qual o conteúdo de cada um desses direitos[234]. Para o autor, os filósofos do direito, de um modo geral, não contribuem para solucionar tais desacordos, pois as considerações deles partem do desacordo como algo patológico, que deve ser considerado somente como ponto de partida para suas considerações. Ora, os desacordos, como visto anteriormente, devem ser concebidos como algo da essência do próprio direito, sendo incompleta uma teorização que simplesmente os considere como ponto de partida, como um problema a ser superado.

---

[234] WALDRON, Jeremy. *Law and disagreement*. Oxford: Oxford University Press, 1999, p. 11.

Outro argumento relacionado ao pretenso autoritarismo da legislação é aquele que sustenta a parcialidade dos votantes, fazendo com que cada um, ao proferir sua manifestação de vontade, pense unicamente em seus próprios interesses. Se esses interesses são dominantes, os interesses minoritários não poderiam ser levados a sério. Waldron combate essa visão parcial da deliberação pública.

Para o autor, as pessoas bem intencionadas e de boa-fé, podem muito bem votar pensando no bem comum, apresentando uma imparcialidade que, assim, não seria encontrada somente nas Cortes. Para ele, as pessoas não podem ser consideradas como detentoras de certos direitos simplesmente porque assim alegam, como o fazem as minorias. Evidentemente, tal argumento só se sustenta quando se admite uma deliberação imparcial.[235]

Poder-se-ia objetar que essa concepção de Waldron guarda uma confiança excessiva na altivez do ser humano, já que este seria capaz de abstrair um interesse próprio em prol do bem comum. No entanto, o autor aponta que há um aspecto normativo na tua teoria, no sentido de que, se na prática tal estado de coisas não ocorre ou não ocorre a contento, cabe ao filosofo buscar o dever-ser além do ser[236].

---

[235] "Tudo isso parte da premissa de que pessoas às vezes ou frequentemente votam suas consideradas e imparciais opiniões quando estão analisando controversas questões de justiça e direitos; presume-se, como dito, que suas vozes a opiniões não são sempre um reflexo de seus próprios interesses. A relação entre opinião e interesse é complexa. Acredito, no entanto, que é verdade empiricamente que cidadãos e representantes normalmente votam com base na boa-fé e com opiniões relativamente imparciais sobre justiça, direito e bem comum." No original: "All of this assumes that people sometimes or often vote their considered and impartial opinions when they are addressing controversial issues of justice and rights; it assumes, as I said, that their votes and opinions are not always the reflex of their interests. The relation between opinions and interests is a complex one. I believe, however, that is true that true empirically that citizens and representatives often do vote on the basis of good faith and relatively impartial opinions about justice, rights, and the common good." WALDRON, Jeremy. *Law and disagreement*. Oxford: Oxford University Press, 1999, p. 14.

[236] WALDRON, Jeremy. *Law and disagreement*. Oxford: Oxford University Press, 1999, p. 15.

Sendo assim, se a legislação deve ser considerada como uma fonte digna de direitos e se o ato de votar pode ser considerado como um ato imparcial, por que não se pode admitir que os indivíduos, destinatários dos direitos, decidam sobre quais direitos eles têm? É a partir daí que Waldron vai sustentar o direito de participação como o "direito dos direitos".

Numa situação como a descrita, considerando a respeitabilidade da legislação e da deliberação majoritária, o direito de participação seria suficiente para se garantir os direitos. Dizer que o direito a participação é o "direito dos direitos" não deve ser concebido numa situação de possível conflito com outros direitos, como a liberdade de religião, no sentido de, em havendo tal confronto, o direito a participação teria de prevalecer sobre os demais. Para Waldron, não se trata de uma colisão de direitos, mas, sim, de o exercício de um direito particularmente apropriado para situações nas quais pessoas razoáveis divergem sobre quais direitos elas têm.[237]

[237] "Agora, se a participação é o direito dos direitos, parece que a liberdade de religião será afastada, em casos como este, para que se consagre o direito de participação. Neste capítulo, entretanto, argumentarei que falar acerca de colisão de direitos é inapropriado neste tipo de caso. Argumentarei que o papel especial da participação na teoria dos direitos não é uma questão de ter prioridade moral sobre outros direitos. Ao invés disso, tem-se o fato de que a participação é o direito cujo exercício apresenta-se particularmente apropriado para situações nas quais razoáveis titulares de direitos discordam sobre quais direitos eles tem." No original: "Now, if participation is the right of rights, it looks as though the right to religious freedom is going to have to give way, in cases like this, in order to vindicate the right of participation. In this chapter, however, I shall argue that talk of conflict of rights is inappropriate in this sort of case. I shall argue that the special role of participation in a theory of rights is not a matter of its having moral priority over other rights. Instead it is the upshot of the fact that participation is a right whose exercise seems peculiarly appropriate in situations where reasonable right-bearers disagree about what rights they have". WALDRON, Jeremy. *Law and disagreement*. Oxford: Oxford University Press, 1999, p. 232.

Desse modo, a participação nas deliberações públicas é uma imposição da própria democracia, que não se contenta com a mera participação popular desprovida da possibilidade de influenciar no debate público. O cidadão sabe que seu poder político, individualmente considerado, é pequeno, mas também sabe que a soma de diversos votos, por meio da contribuição da coletividade, pode fazer uma política voltada para o bem comum. Assim, o pequeno peso de um voto individualmente considerado não aflige o indivíduo, pois este sabe que não goza, sozinho, de um poder decisivo sobre o objeto da deliberação. O que afeta o indivíduo, portanto, é a falta de consideração e respeito sobre seu direito de participação. Uma postura como essas é inaceitável numa democracia[238].

Voltando à pergunta anteriormente feita, o povo deve ser considerado apto a decidir sobre quais direitos tem, numa situação de desacordo, a partir do respeito ao seu direito de participação. Diz-se isso porque a participação envolve também questões sobre princípios, além de questões de política e, ao se admitir o indivíduo como um agente pensante capaz de deliberar moralmente e transcender a preocupação com seus próprios direitos, só mesmo os titulares dos direitos poderiam deliberar sobre eles.

4.3 A maximização do Judiciário como superego da sociedade a partir de um controle preventivo

Neste ponto, deve-se aprofundar as considerações em torno da relação entre controle judicial de constitucionalidade e a garantia do Estado de Direito, especialmente quando se constata que quaisquer críticas a tal forma de controle, normalmente, são vistas como ofensas à democracia e ao próprio Estado de Direito por parte daqueles que defendem tal competência judicial. Essa é uma das advertências feitas por Ingeborg Maus em clássico texto no qual analisa como o Poder Judiciário, a partir da realidade alemã, tem ocupado o espaço

---

238 WALDRON, Jeremy. *Law and disagreement*. Oxford: Oxford University Press, 1999, p. 235-236.

antes destinado aos monarcas, funcionando como um verdadeiro superego de uma sociedade órfã, carente de um pai para tutelar suas relações[239]

A autora, assim, desenvolve um estudo interdisciplinar entre ciência política, teoria do direito e psicanálise[240] para descrever e criticar o papel dos juízes na realidade pós-Segunda Guerra Mundial. Suas considerações, apesar de partirem da experiência alemã, com dito, são completamente aplicáveis ao Brasil, cujo desenvolvimento da atividade judicial apresenta muitos dos vícios por ela criticados, como, por exemplo, a falta de apego ao texto e à normatividade constitucional para se recorrer aos princípios, muitos deles tidos como suprapositivos[241].

A expansão interpretativa do Tribunal Constitucional na aplicação da Constituição encontra fortes contribuições teóricas na obra de Dworkin, como citado anteriormente, sendo alvo de críticas por parte da autora, para quem, apesar das boas intenções, a tese acerca da impossibilidade de separação entre direito e moral na prática judicial serve para "encobrir moralmente um decisionismo judicial"[242].

---

239 MAUS, Ingeborg. *Judiciário como superego da sociedade - o papel da atividade jurisprudencial na 'sociedade órfã'*. Tradução de Martônio Lima e Paulo Albuquerque. Novos estudos nº 58, novembro de 2000, p. 185.

240 A autora explica como foi se construindo esse superego judicial, a partir da crença enraizada e cada vez mais difundida em torno das especiais características pessoais dos juízes, demonstrada, por exemplo, na ampla quantidade de estudos biográficos sobre suas vidas. Com uma personalidade excepcional, diferente da média do povo, seria mais confiável deixar certas questões aos juízes: "Nesta fuga da complexidade por parte de uma sociedade na qual a objetividade dos valores está em questão não é difícil reconhecer o clássico modelo de transferência do superego. A eliminação de discussões e procedimentos no processo de construção política do consenso, no qual podem ser encontradas normas e concepções de valores sociais, é alcançada por meio da centralização da 'consciência' social na Justiça." Idem, p. 186.

241 Idem, p. 191.

242 Idem, p. 186.

As consequências de tal prática para a liberdade individual e a própria ideia de soberania popular são nefastas:

> A introdução de pontos de vista morais e de 'valores' na jurisprudência não só lhe confere maior grau de legitimação, imunizando suas decisões contra qualquer crítica, como também conduz a uma liberação da Justiça de qualquer vinculação legal que pudesse garantir sua sintonização com a vontade popular. Toda menção a um dos princípios 'superiores' ao direito escrito leva – quando a Justiça os invoca – à suspensão das disposições normativas individuais e a se decidir o caso concreto de forma inusitada. Assim, enriquecido por pontos de vista morais, o âmbito das 'proibições' legais pode ser arbitrariamente estendido ao campo extrajurídico das esferas de liberdade. Somente *a posteriori*, por ocasião de um processo legal, é que o cidadão experimenta o que lhe foi 'proibido', aprendendo a deduzir para o futuro o 'permitido' (extremamente incerto) a partir das decisões dos tribunais. Os espaços de liberdade anteriores dos indivíduos se transformam então em produtos de decisão judicial fixados caso a caso[243].

À própria disposição do Poder Judiciário em expandir seu poder soma-se a existência de práticas legislativas que favorecem tal atuação judicial, com a ampliação das disposições legais de conteúdo moral, como "má-fé" ou "censurável", tudo isso contando com "certa confiança popular", gerando a legitimidade necessária para juízes[244].

Partindo daquelas construções em torno do direito suprapositivo ou de qualquer metodologia de interpretação criada pelo próprio tribunal e não decorrente claramente do texto interpretado, Maus identifica uma das características mais marcantes da prática judicial: os juízes constitucionais passam a não mais atuar com os "guardiões da Constituição", mas, sim, como "garantidores da própria história

---

243 Idem, p. 189-190.

244 Idem, p. 190.

jurisprudencial, à qual se refere legitimamente de modo auto-referencial"[245]. Em outras palavras: uma vez firmado um precedente, ele servirá de base para as decisões futuras pouco importando se ele esteja realmente de acordo com a normatividade constitucional.

Nesse estado de coisas, a lei não pode ser levada a sério, ante a multiplicidade de metodologias interpretativas aptas a possibilitarem qualquer decisão judicial.[246] As consequências são nefastas para a atuação judicial: se o Poder Judiciário não precisa mais fundamentar suas decisões com base na lei, ele "torna-se no mínimo dependente em face das necessidades políticas conjunturais, degradando-se a mero instrumento dos aparelhos administrativos"[247]. Com o recurso aos valores em detrimento das regras constitucionais, tem-se uma imprecisão capaz de ampliar ou, simplesmente, superar as normas constitucionais positivadas[248].

---

[245] Idem, p. 192.

[246] "As leis são reconhecidas indiferenciadamente como meras previsões e premissas da atividade decisória judicial, desprezadas as suas diferentes densidades regulatórias. Entre as teorias da metodologia jurídica hoje predominantes quase que desaparece o condicionamento legal-normativo da Justiça sob o peso de orientações teleológicas, analógicas e tipológicas ou de procedimentos tópicos, finalísticos, eficacionais e valorativos, além da própria escolha pelo juiz do 'método adequado' entre outras concepções concorrentes". Idem, p. 193.

[247] Idem, p. 197.

[248] Especificamente no controle de constitucionalidade da lei, diversos "pontos de vista" são utilizados pelo Tribunal em detrimento das normas escritas: "No sopesamento de valores do TFC manifestam-se vários critérios óbvios de eficiência que não encontram no texto constitucional o menor ponto de apoio: o controle de constitucionalidade das leis e a relevância constitucional de processos são exercidos, por exemplo, por meio da verificação da 'aptidão funcional das empresas e do conjunto da economia', da 'capacidade funcional do Exército' ou especificamente da 'manutenção da capacidade operativa das instituições penais', enquanto as determinações constitucionais específicas que lhes dizem respeito podem ficar em segundo plano. As garantias constitucionais escritas são contrapostas deste modo à reserva das idiossincrasias não-escritas dos aparatos econômicos e políticos". Idem, p. 200. A crítica refere-se à jurisprudência dos valores desenvolvida pelo Tribunal Constitucional Federal alemão, mas, pelas suas características, poderia muito bem ser endereçada à realidade brasileira.

Diante de tantas críticas, resta muito dificultada a defesa de um controle de constitucionalidade judicial forte, que mantenha uma aposta no Poder Judiciário como instância capaz de prover a última ou a melhor palavra em matéria constitucional.

4.4 Retornando ao MS 32.033 - a argumentação do próprio STF também justifica a total proscrição do controle preventivo sobre projetos de lei

A tese firmada no MS 32.033/2013 representa avanço na delimitação entre o Direito e a Política, entre a atuação da Corte e do Parlamento, ao vedar o controle preventivo material sobre projeto de lei. A intromissão prematura do STF quando da análise material de projeto de lei retiraria, até mesmo, a possibilidade de intervenção do Presidente da República no seu exercício constitucional de efetivar controle de constitucionalidade por meio do veto, como também salientou o voto que inaugurou a divergência. No entanto, é possível argumentar: a intervenção prematura do STF, mesmo para se coibir vício formal em projeto de lei, relacionado, portanto, ao processo legislativo, também não retira essa prerrogativa do Presidente da República? Evidente que sim.

Os parlamentares e o Presidente da República devem ser instigados a serem mais responsáveis no controle de constitucionalidade, cabendo-lhes, também, o combate às inconstitucionalidades formais. Certamente, o STF não fomenta esse senso de responsabilidade quando, prematuramente, coloca-se numa posição de tutor do Poder Legislativo: os parlamentares logo buscarão a Corte ao invés de se empenharem verdadeiramente no exercício do controle de constitucionalidade político.

Nesse sentido é que se pode afirmar: há inconstitucionalidades formais "evidentes" e "grotescas" e se o Poder Legislativo pode, segundo o STF, identificar inconstitucionalidades matérias com essas características, também tem total condição de fazê-lo em relação às inconstitucionalidades formais.

Nesse ponto, utilizarei, como dito anteriormente, parte da própria fundamentação do STF no último MS em análise para lançar argumentos em torno da completa vedação do controle de constitucionalidade judicial preventivo sobre projetos de lei. O STF, no último precedente citado, apontou claramente que projetos de lei com conteúdos, como, por exemplo, a) imposição indiscriminada da pena de morte; b) previsão de censura prévia; e c) descriminalização da pedofilia, teriam inconstitucionalidades materiais "evidentes" e "grotescas" e, mesmo assim, deveria ser aguardar o término do processo legislativo para se ter a intervenção da Corte.

Ora, há inconstitucionalidades formais igualmente "grotescas" e "evidentes", violadoras, por exemplo, das regras constitucionais que proscrevem as seguintes situações: a) parlamentar que propõe alteração da organização judiciária federal, enquanto a Constituição estabelece a competência do STF para tanto[249]; b) projeto de lei complementar aprovado por maioria simples, enquanto a Constituição estabelece quórum de maioria absoluta[250]; c) projeto de emenda constitucional proposto por ¼ dos parlamentares, enquanto a Constituição exige, no mínimo, 1/3;[251]; d) projeto de lei ordinária aprovado sem o quórum de instalação da sessão, enquanto a Constituição estipula quórum relacionado à maioria absoluta[252]; e) projeto de emenda constitucional encaminhado pela minoria

[249] Art. 96. Compete privativamente: II - ao Supremo Tribunal Federal, aos Tribunais Superiores e aos Tribunais de Justiça propor ao Poder Legislativo respectivo, observado o disposto no art. 169: d) a alteração da organização e da divisão judiciárias;

[250] Art. 69. As leis complementares serão aprovadas por maioria absoluta.

[251] Art. 60. A Constituição poderá ser emendada mediante proposta: I - de um terço, no mínimo, dos membros da Câmara dos Deputados ou do Senado Federal;

[252] Art. 47. Salvo disposição constitucional em contrário, as deliberações de cada Casa e de suas Comissões serão tomadas por maioria dos votos, presente a maioria absoluta de seus membros.

das assembleias legislativas dos Estados, enquanto o art. 60, III, da Constituição estipula a maioria[253]; etc.

Se os parlamentes, como corretamente decidiu o STF, são capazes de identificar e superar inconstitucionalidades materiais "evidentes" e "grotescas", também o são em relação às inconstitucionalidades formais. Além disso, repita-se: em relação aos projetos de lei, o Presidente da República também pode exercer controle de constitucionalidade para coibir vícios formais. Finalmente, caso a política falhe e o controle parlamentar seja incapaz de debelar a inconstitucionalidade, por mais evidente e grotesca que ela seja, certamente o STF será provocado para exercer o controle repressivo, tendo em vista a ampla legitimidade para propositura das ações do controle concentrado.

Pelo apresentado, tem-se como inegável o avanço promovido pelo STF no julgamento do MS 32.033/2013. No entanto, é plenamente possível sustentar o fim do controle de constitucionalidade judicial preventivo sobre o projeto de lei, como forma de aprimorar o diálogo entre os poderes e fortalecer o papel do Parlamento e do Presidente da República no controle de constitucionalidade político, sem retirar qualquer poder do STF no controle repressivo. Só há ganhos para a democracia brasileira com tal postura: a) atribui-se maior responsabilidade aos órgãos políticos; b) garante-se o afastamento do STF em torno de questões eminentemente políticas consubstanciadas no debate parlamentar; e c) propicia-se um controle repressivo por parte do STF muito mais informado e dialogal, após a participação completa dos Parlamentares (no caso de aprovação de projetos de emenda) e dos Parlamentares e Presidente da República (no caso de aprovação de projetos de lei), sem fechamentos prematuros.

---

253 Art. 60. A Constituição poderá ser emendada mediante proposta: III - de mais da metade das Assembléias Legislativas das unidades da Federação, manifestando-se, cada uma delas, pela maioria relativa de seus membros.

5. O controle judicial preventivo sobre projetos de emendas constitucionais e o problema da legitimidade do parlamentar para impetrar mandado de segurança

A argumentação lançada anteriormente poderia, no plano da política constitucional, ser totalmente admitida para justificar a vedação ao controle judicial preventivo no âmbito dos projetos de emendas constitucionais. Essa é a posição de parte da doutrina a qual, ao criticar tal forma de controle, não faz qualquer ressalva aos projetos de emenda constitucional:

> Ora, o parlamento tem o direito de manifestar-se como bem entender, até o final de sua competência constitucional, sem ser molestado por quem que seja. Propostas de emendas à Constituição, projetos de leis complementares e ordinárias, decretos legislativos nada mais são do que projetos, como bem os definem seus termos constitucionais. Não possuem eficácia nem vigência. Não estão no mundo. Pela nossa Constituição, o controle judicial da constitucionalidade incide sobre uma espécie normativa; jamais sobre uma proposta que sequer concluiu todo o processo legislativo[254].

A lição é irretocável do ponto de vista, com dito, da política constitucional: é de todo almejável que o legislador, mesmo aquele que busca reformar a Constituição, possa efetivar seu trabalho sem se submeter previamente aos ditames dos Tribunais, como já amplamente demonstrado neste capítulo. O problema de tal respeitável tese revela-se a partir da literalidade do art. 60, § 4º, da Constituição o qual, repita-se, veda até mesmo a mera deliberação de projetos de emenda constitucional que tendam a abolir as cláusulas pétreas. Ora, se houver um projeto de emenda constitucional com tais

---

[254] BARRETO LIMA, Martônio Mont'alverne; BERCOVICI, Gilberto. Separação de poderes e a constitucionalidade da PEC nº 33/2011. In: *Pensar, Fortaleza*, v. 18, p. 785-801, set./dez. 2013, p. 789/790.

características e sua tramitação for permitida, haverá ofensa a tal dispositivo constitucional.

Obviamente, haverá divergência acerca dessa violação às cláusulas pétreas, sustentando o parlamento que sua atividade, pelo contrário, estará concretizando tais dispositivos. Isso bem demonstra como teria sido muito melhor que o constituinte originário tivesse vedado qualquer forma de controle preventivo. Mas não há como negar que não foi isso que ele fez ao editar o mencionado dispositivo constitucional. Mantendo-se coerente na tese acerca da impossibilidade de se fazer leituras morais sobre regras constitucionais não elencadas de modo vago, não há como admitir que as razões elencadas para correção do Direito sejam suficientes para superar a referida norma jurídica positivada. Sendo assim, é forçoso reconhecer: a Constituição realmente admite um controle judicial preventivo sobre projetos de emenda constitucional.

A admissão da tese acerca da possibilidade do controle judicial preventivo no bojo da tramitação dos projetos de emendas constitucionais autoriza, por outro lado, uma interpretação das mais restritivas possíveis, respeitando-se os limites semânticos do texto constitucional. Todos os argumentos lançados neste capítulo em torno dos equívocos na intromissão prematura do direito na política justificam que o STF só admita tal forma de controle preventivo quando, pelo menos, a fase de apresentação das emendas parlamentares ao projeto esteja superada, pois, passada essa fase, a única forma de vencer a inconstitucionalidade será com a rejeição do projeto quando da votação.

Ora, o art. 60, § 4º, da Constituição veda a deliberação acerca de emendas constitucionais com certos vícios, sem estabelecer o momento específico no qual pode ocorrer o controle judicial. Como ainda há deliberação após da fase de discussão/emendas e antes da votação, não há desrespeito à norma constitucional com a vedação ao controle na pendência da fase para apresentação de emendas parlamentares.

O problema daí decorrente diz respeito à legitimidade para promoção de tal forma de controle, eis que, expressamente, a Constituição não faz qualquer admissão à legitimidade isolada de parlamentar para tal impetração. Tal forma de ativismo judicial processual, assim, merece cuidadosa análise e crítica.

A caracterização de um direito líquido e certo ao processo legislativo hígido, a saber, livre de inconstitucionalidades que tendam a abolir cláusulas pétreas, é um direito de feições coletivas, eis que não se refere unicamente a um parlamentar, mas a todo o grupo de Deputados e Senadores. Numa perspectiva ainda mais ampla, fazendo um paralelo com o controle concentrado de constitucionalidade, no qual se tutela o sistema jurídico de modo objetivo a partir da concepção de Direito como sistema de normas jurídicas desvinculado do Direito em seu sentido subjetivo, poder-se-ia sustentar que o art. 60, § 4º, da Constituição, na verdade, prevê um direito não só coletivo, referível à categoria dos parlamentares, mas um verdadeiro direito difuso, a saber: é direito de todos os brasileiros que não haja um processo legislativo voltado para edição de emendas constitucionais eivadas de vícios tendentes a abolir as cláusulas pétreas.

Como já demonstrado, o STF não caracterizou o direito líquido e certo com a amplitude de um direito difuso, como sustentado teoricamente no parágrafo anterior, mas, nem por isso, o caráter coletivo da impetração pode se negado, muito embora restrito, repita-se, aos direitos coletivos típicos de uma categoria: os parlamentares. Sendo assim, não há como negar que o mandado de segurança que veicula controle preventivo de constitucionalidade é uma ação coletiva, buscando, inicialmente, a suspensão do processo legislativo e, definitivamente, o arquivamento do projeto de ato normativo[255].

Ora, quem são os legitimados para propositura do mando de segurança coletivo? A resposta está claramente posta no art. 5º, LXX,

---

[255] O caráter coletivo da impetração foi reconhecido pelo Ministro Teori Zavascki em trecho de seu voto, muito embora sua sustentação possa servir para negar

"a" e "b" da Constituição: partido político com representação no Congresso Nacional; organização sindical, entidade de classe ou associação legalmente constituída e em funcionamento há pelo menos um ano, em defesa dos interesses de seus membros ou associados. Percebe-se, assim, que o parlamentar é parte ilegítima para manejar tal mandado de segurança, cabendo ao partido político com representação no Congresso Nacional tal iniciativa.

Finalmente, não se pode olvidar da possibilidade de ajuizamento de ADPF no caso: a) as cláusulas pétreas são preceitos fundamentais; b) o ato que admite a tramitação do projeto de emenda é ato do Poder Público; e c) não há nenhuma outra ação típica de controle concentrado capaz de atacar tal ato, perfazendo-se o requisito da subsidiariedade. Tem-se, portanto, objeto e parâmetro de controle para o cabimento da ação.

o direito líquido e certo pleiteado a toda a categoria: "É evidente, registre-se desde logo, que o direito líquido e certo afirmado na impetração - de não ser obrigado, o parlamentar impetrante, a participar do processo legislativo -, não traduz a verdadeira e delicada questão constitucional que decorre do pedido formulado na demanda. Esse alegado direito representa, na verdade, uma engenhosa criação mental para justificar a utilização da ação de mandado de segurança, cujo objetivo real, todavia, é outro. Realmente, a esse afirmado direito subjetivo individual de não participar da formação da questionada proposição normativa, seria simples contrapor que tal direito não está sendo sequer ameaçado, nem mesmo em tese, eis que a participação do parlamentar no processo de formação das leis não é obrigatória, nada impedindo o impetrante de, espontaneamente, exercer o afirmado direito, abstendo-se de participar ou de votar ou mesmo, ainda, de apresentar voto contrário à aprovação. Em termos estritamente formais, portanto, está clara a dissociação lógica entre o direito tido como ameaçado e a efetiva pretensão deduzida na demanda. Na verdade, o que se busca, a pretexto de tutelar direito individual, é provimento de consequência muito mais profunda e abrangente: de inibir a própria tramitação do projeto de lei, o que significa impedir, não apenas o impetrante, mas todos os demais parlamentares, de discutir e votar a proposta". MS 32.033/DF. Rel. Ministro Teori Zavascki. 20/06/2013.

V

O PAPEL DO SENADO FEDERAL NO CONTROLE DE CONSTITUCIONALIDADE E A EXCEPCIONALIDADE DAS DECISÕES EXPANSIVAS DO STF

O estudo do papel do Senado Federal no controle de constitucionalidade ainda é relevante, tendo como ponto de partida o art. 52, X, da Constituição, o qual estabelece que é competência do Senado Federal: "suspender a execução, no todo ou em parte, de lei declarada inconstitucional por decisão definitiva do Supremo Tribunal Federal".

Um esclarecimento prévio necessário, no entanto, demonstra que tal atuação só tem razão de ser nos casos de declaração incidental de inconstitucionalidade por parte do STF. Em tais casos, a decisão do STF, classicamente, não possuía eficácia *erga omnes*, cabendo ao Senado, em acolhendo a decisão, atribuir tal eficácia ao julgado. Quando se trata de controle concentrado de constitucionalidade, a atuação do Senado não se faz necessária, pois, nesse caso, a própria

Constituição prevê que as decisões definitivas de méritos proferidas pela Corte em sede de ADI ou ADC têm eficácia *erga omnes* e efeito vinculante[256].

Diversas questões sobre a atuação daquele órgão político chamam a atenção dos estudiosos,[257] mas o presente capítulo tem objeto bem específico: analisar se as decisões expansivas proferidas pelo STF no bojo do controle difuso estão de acordo com a Constituição ou constituem, novamente, um artifício excepcional para concentração de poder. Tal questão somente pode ser enfrentada a partir da análise do papel do Senado Federal no controle de constitucionalidade, analisando-se criticamente o resultado da Reclamação nº 4.335.

---

256 Art. 102, § 2º. Foi a emenda constitucional nº 45/2004 que conferiu tal redação ao dispositivo. Antes disso, no entanto, o STF já compreendia que, no controle concentrado, como se atacava a lei em tese, sua decisão já teria eficácia *erga omnes* automaticamente, sem a necessidade de se aguardar o pronunciamento do Senado. Tal interpretação podia ser criticada, pois negava vigência ao art. 52, X, da Constituição, já que este não restringiu expressamente a possibilidade de suspensão da lei somente quando exercido o controle difuso pelo STF. De todo modo, a questão perde alguma importância prática diante da referida emenda constitucional.

257 Veja-se, por exemplo, a quantidade de questionamentos levantados por Clèmerson Merlin Clève respeitante ao tema: "(i) A quem compete comunicar ao Senado sobre a decisão do Judiciário? (ii) O ato que desafia a suspensão é aquele declarado inconstitucional por qualquer órgão do Judiciário ou apenas pelo Supremo Tribunal Federal? (iii) Dispõe, o Senado, de competência para suspender a execução de leis apenas, ou de qualquer ato normativo? (iv) Pode o Senado suspender a execução de ato normativo estadual ou municipal (ou apenas federal)? (v) Há prazo para manifestação do Senado? (vi) O ato do Senado que determina a suspensão é revogável? (vii) A manifestação do Senado possui efeitos pretéritos (ex tunc) ou apenas prospectivos (ex nunc)? (viii) Qual a natureza do ato do Senado nesta matéria? (ix) A competência do Senado abrange, além das declarações respeitantes ao controle incidental, também as declarações de inconstitucionalidade em tese? E, finalmente: (x) trata-se de competência vinculada ou discricionária?" Algumas dessas questões serão enfrentadas em pontos do texto. CLÈVE, Clèrmerson Merlin. *A fiscalização abstrata da constitucionalidade no direito brasileiro.* 2ª ed. São Paulo: Editora Revista dos Tribunais, 2000, p. 116.

A breve apresentação feita no primeiro tópico, assim, busca somente situar o leitor no contexto, explicitando qual a função do Senado quando o STF declara incidentalmente uma lei inconstitucional.

Está em jogo, assim, o estudo das denominadas "decisões expansivas" do STF no bojo do controle difuso e da sua denominada abstrativização. A Constituição admite esse tipo de decisão, a qual equipara os efeitos da declaração de inconstitucionalidade num controle exercido, por exemplo, em sede de *habeas corpus* com os das ações de controle concentrado?

O tema tratado neste capítulo, como será possível perceber, refere-se, novamente, à vontade que os juízes têm de alterar o direito positivo a partir daquelas concepções de julgam moralmente melhores, pouco importando os limites expressos na regra constitucional. Essas são as questões fundamentais deste capítulo, o qual, como os demais, parte da interpretação de uma regra constitucional específica sobre o tema e os respectivos precedentes. No estudo específico destes, será demonstrado, mais uma vez, a pretensão de alterá-los contra a regra constitucional e seu uso incoerente, recorrendo, no caso, ao fenômeno da mutação constitucional.

1. O papel do Senado Federal no Controle de Constitucionalidade e a proposta de mutação constitucional do art. 52, X, da Constituição

O modelo de controle difuso previsto no Brasil, constitucionalizado desde 1891, não previa mecanismo de vinculação dos precedentes como o já estudado *stare decisis*. Além disso, não havia alguma previsão constitucional que autorizasse, automaticamente, a retirada da lei declarada inconstitucional pelo STF do ordenamento jurídico, com efeitos *erga omnes*.

Buscando contornar essas questões, a Constituição de 1934 previu, pela primeira vez em nosso sistema, um mecanismo para atribuição de efeitos gerais à decisão do STF no controle difuso, consistindo na participação do Senado na jurisdição constitucional: após a decisão do STF, este deveria informar àquele órgão político acerca da sua decisão e o Senado, caso assim entendesse, poderia editar resolução suspendendo a execução da lei declarada incidentalmente inconstitucional, com efeitos, portanto, *erga omnes*.

Essa competência do Senado Federal gerava debate entre os doutrinadores no tocante à vinculação daquele órgão político à decisão tomada pelo STF. Para Lúcio Bittencourt, por exemplo, o Senado estava obrigado a suspender a execução da lei, limitando-se, simplesmente, a "tornar pública a decisão do tribunal, levando-a ao conhecimento de todos os cidadãos"[258]. Continua sua sustentação contornando a literalidade do texto, apontando que "dizer que o Senado 'suspende a execução' da lei inconstitucional é, positivamente, impropriedade técnica, uma vez que o ato, sendo 'inexistente' ou 'ineficaz', não pode ter suspensa a sua execução"[259].

Paulo Brossard, por outro lado, sustentava posição mais consentânea com o texto constitucional, respeitando as funções do Senado Federal. Apontava que o órgão político poderia muito bem ter receio em suspender a execução de lei declarada incidentalmente inconstitucional mediante maioria apertada de votos, no primeiro contato que a Corte poderia ter com o tema. Temia, ainda, engessamento na jurisprudência, sem a possibilidade de tema semelhante voltar a ser debatido com base na mesma lei suspensa, a qual não mais poderia ser aplicada, posteriormente, para outras situações inicialmente não previstas[260].

O estudo deste ponto demanda a análise da tese desenvolvida pelo Ministro Gilmar Mendes e encampada, de modo até mais radical, pelo Ministro Eros Grau, quando do julgamento da Reclamação

---

[258] BITTENCOURT, Lúcio. *O controle jurisdicional da constitucionalidade das leis*. Brasília: Ministério da Justiça, 1997, p. 145.

[259] BITTENCOURT, Lúcio. Ob. cit., p. 145-146.

[260] BROSSARD, Paulo. O Senado e as leis inconstitucionais. *Revista de informação legislativa*, v. 13, nº 50, abr./jun. 1976, p. 62.

Constitucional nº 4.335/AC. Desse modo, tem-se que o Ministro Gilmar Mendes havia publicado artigo sobre o tema,[261] defendendo a mutação constitucional do art. 52, X, da CF/88, tendo em vista diversas alterações na ordem jurídica constitucional que tornariam tal dispositivo notadamente obsoleto, cabendo-lhe uma nova configuração.

Após a análise das razões históricas que justificaram a criação dessa regra na Constituição de 1934, bem como as diversas vacilações doutrinárias em torno do real alcance da norma, Gilmar Mendes aponta os argumentos que justificariam essa viragem jurisprudencial, já que ao Senado Federal, como dito, não mais caberia o papel de suspender total ou parcialmente a execução da lei declarada inconstitucional pelo STF, cabendo-lhe, somente, publicar o acórdão do STF.

Segundo o Ministro, teria havido clássica mutação constitucional, ante a alteração de circunstância jurídicas relevantes, as quais implicariam na total inutilidade do art. 52, X, na sua feição clássica: a) o advento da súmula vinculante e da repercussão geral; b) o próprio caráter das decisões em controle concentrado, cada vez mais ampliado na Constituição de 1988; e c) a previsão de técnicas de decisão que, mesmo no controle difuso, não podem atrair a atuação do Senado, como a interpretação conforme a Constituição ou a declaração de nulidade parcial sem redução de texto. Assim, ter-se-ia uma mudança de precedentes da Corte, levando à alteração do papel do Senado, com base em mudanças formais na constituição[262]. Essas mudanças em outros dispositivos que não o art. 52, X, em si seriam

---

[261] MENDES, Gilmar Ferreira. *O papel do Senado Federal no controle de constitucionalidade: um caso clássico de mutação constitucional. Revista de Informação Legislativa*. Brasília, a. 41 n. 162 abr./jun. 2004.

[262] Para o autor: "A amplitude conferida ao controle abstrato de normas e a possibilidade de que se suspenda, liminarmente, a eficácia de leis ou atos normativos, com eficácia geral, contribuíram, certamente, para que se quebrantasse a crença na própria justificativa desse instituto, que se inspirava diretamente

suficientes para proscrever qualquer hipótese de suspensão da execução da lei declarada inconstitucional pelo Senado.

A compreensão adequada da questão e sua configuração jurisprudencial, no entanto, demanda o estudo de dois precedentes: o HC 82.959/SP e a mencionada Reclamação nº 4.335/AC no contexto das decisões expansivas do STF.

---

numa concepção de separação de Poderes – hoje necessária e inevitavelmente ultrapassada. Se o Supremo Tribunal pode, em ação direta de inconstitucionalidade, suspender, liminarmente, a eficácia de uma lei, até mesmo de uma Emenda Constitucional, por que haveria a declaração de inconstitucionalidade, proferida no controle incidental, de valer tão-somente para as partes? A única resposta plausível nos leva a crer que o instituto da suspensão pelo Senado assenta-se hoje em razão de índole exclusivamente histórica. Devese observar, outrossim, que o instituto da suspensão da execução da lei pelo Senado mostra-se inadequado para assegurar eficácia geral ou efeito vinculante às decisões do Supremo Tribunal que não declaram a inconstitucionalidade de uma lei, limitando-se a fixar a orientação constitucionalmente adequada ou correta. Isso se verifica quando o Supremo Tribunal afirma que dada disposição há de ser interpretada dessa ou daquela forma, superando, assim, entendimento adotado pelos tribunais ordinários ou pela própria Administração. A decisão do Supremo Tribunal não tem efeito vinculante, valendo nos estritos limites da relação processual subjetiva. Como não se cuida de declaração de inconstitucionalidade de lei, não há que se cogitar aqui de qualquer intervenção do Senado, restando o tema aberto para inúmeras controvérsias. Situação semelhante ocorre quando o Supremo Tribunal Federal adota uma interpretação conforme à Constituição, restringindo o significado de uma dada expressão literal ou colmatando uma lacuna contida no regramento ordinário. Aqui o Supremo Tribunal não afirma propriamente a ilegitimidade da lei, limitando-se a ressaltar que uma dada interpretação é compatível com a Constituição, ou, ainda, que, para ser considerada constitucional, determinada norma necessita de um complemento (lacuna aberta) ou restrição (lacuna oculta – redução teleológica). Todos esses casos de decisão com base em uma interpretação conforme à Constituição não podem ter a sua eficácia ampliada com o recurso ao instituto da suspensão de execução da lei pelo Senado Federal. Mencionemse, ainda, os casos de declaração de inconstitucionalidade parcial sem redução de texto, nos quais se explicita que um significado normativo é inconstitucional sem que a expressão literal sofra qualquer alteração" MENDES, Gilmar Ferreira. *O papel do Senado Federal no controle de constitucionalidade: um caso clássico de mutação constitucional. Revista de Informação Legislativa.* Brasília, a. 41, n. 162, abr./jun. 2004.

2. As decisões expansivas do STF

O que se entende por decisões expansivas? São decisões tomadas no bojo do controle incidental de constitucionalidade, quando o STF julga, por exemplo, um mandado de segurança ou *habeas corpus* e a Corte declara que os efeitos da inconstitucionalidade não serão limitados às partes daquela ação. Na Reclamação nº 4.335, adiante estudada, a corte expressamente apresenta essa nomenclatura no respectivo acórdão.[263] O efeito expansivo, assim, busca alcançar qualquer pessoa que esteja em situação semelhante às partes do caso efetivamente julgado pela corte. Como decorrência desse efeito, a Corte pode pretender modular os efeitos da declaração de inconstitucionalidade, justamente para evitar insegurança jurídica nos demais casos que deverão utilizar o precedente.

A Corte faz isso movida por considerações em torno da isonomia, buscando beneficiar o maior número possível de pessoas sem que estes precisem aguardar o julgamento de suas ações respectivas pelo próprio STF. Há um custo, no entanto, envolvido nessa operação: a superação do art. 52, X, da Constituição, o qual, como visto, prevê um procedimento específico para que essas decisões do STF alcancem eficácia contra todos. Veja-se alguns exemplos dessas decisões.

2.1 O HC 82.959/SP

O STF, ao julgar o HC 82.959/SP, tendo como paciente e impetrante o Sr. Oseas Campos, declarou incidentalmente a inconstitucionalidade no § 1º do art. 2º da Lei nº 8.072/90, dispositivo que vedava a progressão do regime de cumprimento da pena nos crimes

---

[263] "Reclamação. 2. Progressão de regime. Crimes hediondos. 3. Decisão reclamada aplicou o art. 2º, § 2º, da Lei nº 8.072/90, declarado inconstitucional pelo Plenário do STF no HC 82.959/SP, Rel. Min. Marco Aurélio, DJ 01/09/2006. 4. Superveniência da Súmula Vinculante n. 26. 5. Efeito ultra partes da declaração de inconstitucionalidade em controle difuso. Caráter expansivo da decisão. 6. Reclamação julgada procedente." Rel. Ministro Gilmar Mendes. 20/03/2014.

hediondos. A impetração levantava, justamente, a tese da inconstitucionalidade da vedação com base em argumentos relacionados à dignidade da pessoa humana e individualização da pena.[264]

No decorrer do julgamento, nova questão fora levantada no voto do Ministro Gilmar Mendes, acerca da necessidade de se conceder efeitos *ex nunc* à decisão, tendo em vista a mudança de jurisprudência sobre o tema, a qual, até então, firmara-se pela constitucionalidade do § 1º do art. 2º da Lei nº 8.072/90.[265] Esse é um primeiro elemento que aponta para o caráter expansivo da decisão: ao se cogitar da modulação, buscava-se trazer segurança jurídica para os demais casos que seriam alcançados pela decisão.

Nessa linha, percebe-se as dificuldades em compreender na sua totalidade o acórdão ora estudado. Certamente, um dos complicadores foi a ampliação proposta no voto do Ministro Gilmar Mendes, eis que, como visto, a impetração era específica e, como não poderia deixar de ser, tinha causa de pedir limitada ao caso concreto. A inclusão de considerações expansivas, a pretexto de trazer isonomia sem se aguardar a suspensão da execução da lei pelo Senado Federal, acabou não sendo debatida com a profundidade que se esperava, especialmente quando se trata de decisão proferida por uma Suprema Corte. Na verdade, lendo cada um dos votos, percebe-se que, até o voto do Ministro Gilmar, os demais membros que já haviam votado pela procedência da impetração sequer cogitavam de tal efeito expansivo, mostrando que, pelo menos em seu início, não se punha em dúvida o caráter *inter partes* da decisão.

Apesar dessas dificuldades, levando em conta, também, a diversidade de fundamentos lançados por cada Ministro sem o debate específico entre eles, a tese acerca da modulação e consequente expansão da decisão foi vencedora. É por meio da ementa do julgado que se pode reconhecer com mais clareza o caráter expansivo da decisão:

---

[264] HC nº 82.959/SP, Rel. Min. Marco Aurélio, DJ de 01/09/2006, p. 513.

[265] HC nº 82.959/SP, Rel. Min. Marco Aurélio, DJ de 01/09/2006. Voto do Ministro Gilmar Mendes, especialmente às fls. 619/657.

PENA – REGIME DE CUMPRIMENTO – PROGRESSÃO – RAZÃO DE SER. A progressão no regime de cumprimento da pena, nas espécies fechado, semi-aberto e aberto, tem como razão maior a ressocialização do preso que, mais dia menos dia, voltará ao convívio social. PENA – CRIMES HEDIONDOS – REGIME DE CUMPRIMENTO – PROGRESSÃO – ÓBICE – ARTIGO 2º, § 1º, DA LEI Nº 8.072/90 – INCONSTITUCIONALIDADE – EVOLUÇÃO JURISPRUDENCIAL. Conflita com a garantia da individualização da pena – art. 5º, inciso XLVI, da Constituição Federal – a imposição, mediante norma, do cumprimento da pena em regime integralmente fechado. Nova inteligência do princípio da individualização da pena, em evolução jurisprudencial, assentada a inconstitucionalidade do art. 2º, § 1º, da Lei nº 8.072/90.

ACÓRDÃO

Vistos, relatados e discutidos estes autos, acordam os ministros do Supremo Tribunal Federal, em sessão plenária, sob a presidência do ministro Nelson Jobim, na conformidade da ata do julgamento e das notas taquigráficas, por maioria, em deferir o pedido de *habeas corpus* e declarar, *incidenter tantum*, a inconstitucionalidade do §1º do artigo 2º da Lei 8.072, de 25 de julho de 1990, nos termos do voto do relator, vencidos os ministros Carlos Velloso, Joaquim Barbosa, Ellen Gracie, Celso de Mello e Nelson Jobim, Presidente. O Tribunal, por votação unânime, explicitou que a declaração incidental de inconstitucionalidade do preceito legal em questão não gerará consequências jurídicas com relação às penas já extintas nesta data, pois esta decisão plenária envolve, unicamente, o afastamento do óbice representado pela norma ora declarada inconstitucional, sem prejuízo da apreciação, caso a caso, pelo magistrado competente, dos demais requisitos pertinentes ao reconhecimento da possibilidade de progressão.[266] (Grifos do autor)

[266] HC nº 82.959/SP, Rel. Min. Marco Aurélio, DJ de 01/09/2006.

Assim, mesmo diante de um caso concreto, o Tribunal dava à decisão efeitos transcendentes, já que fez considerações expressas sobre outros casos semelhantes ao do impetrante, mencionando, inclusive, "penas já extintas nesta data". Tal menção, evidentemente, não poderia se referir ao impetrante, eis que este tinha interesse na impetração do HC justamente por estar cumprindo pena com a característica da vedação à progressão de regime.

A posição vencida apontava, corretamente, como será analisado, a impossibilidade de se efetivar a modulação ou conferir caráter expansivo à decisão, pois somente em sede de controle concentrado ter-se-ia a eficácia *erga omnes* automática. A Ministra Ellen Gracie chegou a se manifestar contrariamente à proposta do Ministro Gilmar Mendes nestes termos:

> Deixo de acolher as ponderações do Ministro Gilmar Mendes, que, com seu brilho invulgar de *scholar*, ainda assim não me consegue fazer aderir à sua proposição de uma declaração de inconstitucionalidade modulada, de sorte a apenas abranger as hipóteses futuras (*pure prospectivity*), ou seja, as sentenças ainda não proferidas, com ressalva dos casos já decididos. Se adotarmos tal solução, não poderemos aplicá-la ao paciente deste *habeas corpus*. Mas essa proposição nos cria um problema insolúvel. Tudo porque, em controle difuso, como é o caso presente, ou a declaração de inconstitucionalidade serve à solução da controvérsia ou ela nem se pode colocar. No controle difuso, não se produz interpretação constitucional, a menos que ela seja útil ao caso. Não se define o *status* de constitucionalidade de uma regra jurídica, senão quando ela esteja sendo aplicada ao caso concreto. E, se não for para ser aplicada no caso presente, a declaração de inconstitucionalidade não tem substrato válido, já que esta não é hipótese de controle abstrato. A alternativa, portanto, seria fazer valer, para a hipótese presente, a nova interpretação *limited prospectivity*. Essa proposta, porém, não supera outro obstáculo lógico. Se as sentenças já publicadas ficam resguardadas da nova interpretação, pelo bom motivo de

> que os juízes que as proferiram não poderiam prever que a jurisprudência assente da Casa - e tantos anos após a promulgação da nova Constituição - se fosse reverter dessa sorte, como excetuar dessa salvaguarda a sentença condenatória do caso presente? O juiz que a prolatou, tanto quanto o TJSP, encontrava-se na mesma situação fática de insciência ou imprevisibilidade de todos os seus demais colegas.[267] (Grifos do autor)

As dificuldades de compreensão da decisão ora elencada se comprovam ainda mais quando se estuda o julgamento Reclamação Constitucional nº 4.335/AC.[268]

2.2 A Reclamação Constitucional nº 4.335/AC

A Reclamação em estudo fora ajuizada em 19 de abril de 2006 pela Defensoria Pública da União em face de ato de Juiz, o qual negara a progressão de regime com base na decisão do HC 82.959/SP, alegando que para esta apresentar eficácia *erga omnes*, o procedimento previsto no art. 52, X, da Constituição teria de ser respeitado. Como o Senado Federal ainda não se manifestara, a decisão proferida naquele HC só teria eficácia *inter partes*.

A reclamante alegou o descumprimento da decisão do STF naquele HC, o qual, na sua visão, teria eficácia *erga omnes* por si só. Em 1° de fevereiro de 2007 o julgamento se inicia, sendo atendida a Reclamação pelo Ministro Gilmar Mendes, que reafirma sua posição, declarando que a decisão do Juiz de Direito do Acre desrespeitou a eficácia *erga omnes* da decisão proferida no referido HC, cabendo ao Senado somente publicar esta decisão. O Ministro Eros Grau pede vista em seguida, apresentando seu voto em 19 de abril de 2007, também pela procedência. Ocorre que os Ministros Sepúlveda Pertence e Joaquim Barbosa divergiram dessa posição, tendo o primeiro julgado a Reclamação improcedente, enquanto o segundo nem mesmo

---

[267] HC nº 82.959/SP, Rel. Min. Marco Aurélio, DJ de 01/09/2006, p. 670.

[268] Rcl. 4.335/AC, Rel. Min. Gilmar Ferreira Mendes. DJE 22/10/2014.

dela conheceu[269]. Em seguida, o Ministro Ricardo Lewandowski pede vistas dos autos, sendo o julgamento retomado somente em 16 de maio de 2013, mais de seis anos depois, portanto, julgando improcedente a reclamação. Novo pedido de vista é efetivado, agora pelo Ministro Teori Zavascki, o qual apresenta seu voto em 20 de março de 2014, juntamente com os Ministros Luis Roberto Barroso, Rosa Weber e Marco Aurélio, os três primeiros votando pela procedência da ação, enquanto o último votou pela improcedência. Após quase sete anos de tramitação, a Reclamação foi julgada procedente por maioria.

A questão central da Reclamação dizia respeito à eventual mutação constitucional do art. 52, X, da Constituição, propondo-se redefinição do papel do Senado Federal no controle de constitucionalidade, o qual não deveria mais suspender a eficácia em todo ou em parte da lei declarada inconstitucional pelo STF, mas, sim, meramente proceder à publicação de tal acórdão. Para o Ministro Gilmar Mendes, a mutação constitucional era clara, ante as diversas inovações legislativas e jurisprudenciais já positivadas e anteriormente elencadas, demonstrando que o papel do Senado Federal na sua feição clássica somente atenderia a ditames de ordem histórica.[270]

Eros Grau foi ainda mais longe em seu voto, sustentando a mutação constitucional proposta seria capaz de alterar o próprio texto da Constituição, não somente a norma decorrente da interpretação:

---

[269] Este fora o conteúdo da decisão proferida em 19 de abril de 2007, quando da suspensão do julgamento: "Decisão: Após o voto-vista do Senhor Ministro Eros Grau, que julgava procedente a reclamação, acompanhando o Relator; do voto do Senhor Ministro Sepúlveda Pertence, julgando-a improcedente, mas concedendo *habeas corpus* de ofício para que o juiz examine os demais requisitos para deferimento da progressão, e do voto do Senhor Ministro Joaquim Barbosa, que não conhecia da reclamação, mas igualmente concedia o habeas corpus, pediu vista dos autos o Senhor Ministro Ricardo Lewandowski. Ausentes, justificadamente, o Senhor Ministro Celso de Mello e a Senhora Ministra Cármen Lúcia. Presidência da Senhora Ministra Ellen Gracie. Plenário, 19.04.2007".

[270] Rcl. 4.335/AC, Rel. Min. Gilmar Ferreira Mendes, p. 11-61.

> A mutação constitucional é transformação de sentido do enunciado da Constituição sem que o próprio texto seja alterado em sua redação, vale dizer, na sua dimensão constitucional textual. Quando ela se dá, o intérprete extrai do texto norma diversa daquelas que nele se encontravam originariamente involucradas, em estado de potência. Há, então, mais do que interpretação, esta concebida como processo que opera a transformação de texto em norma. Na mutação constitucional caminhamos não de um texto a uma norma, porém de um texto a outro texto, que substitui o primeiro. Daí que a mutação constitucional não se dá simplesmente pelo fato de um intérprete extrair de um mesmo texto norma diversa da produzida por um outro intérprete. Isso se verifica diuturnamente, a cada instante, em razão de ser, a interpretação, uma prudência. Na mutação constitucional há mais. Nela não apenas a norma é outra, mas o próprio enunciado normativo é alterado.
>
> O exemplo que no caso se colhe é extremamente rico. Aqui passamos em verdade de um texto
>
> [compete privativamente ao Senado Federal suspender a execução, no todo ou em parte, de lei declarada inconstitucional por decisão definitiva do Supremo Tribunal Federal]
>
> A outro texto
>
> [compete privativamente ao Senado Federal dar publicidade à suspensão da execução, operada pelo Supremo Tribunal Federal, de lei declarada inconstitucional, no todo ou em parte, por decisão definitiva do Supremo].[271]

Baseando seu entendimento no respeito que o intérprete deve ter à tradição das disposições constitucionais, analisadas em sua completude, o Ministro reitera o caráter obsoleto do art. 52, X, aderindo a uma mutação que também mudaria o texto da Constituição.

Estes foram os únicos votos, no entanto, a sustentarem a mutação constitucional de modo expresso. Contra tal tese, duras críticas foram

---

[271] Voto do Min. Eros Grau na Rcl. 4.335/AC, rel. Min. Gilmar Mendes, p. 72.

levantadas, por exemplo, pelo Ministro Sepúlveda Pertence, o qual afirmara, após referir-se aos votos de seus predecessores que julgavam a Reclamação procedente, o seguinte: "Mas não me animo à mutação constitucional proposta. E mutação constitucional por decreto do poder que com ela se ampliaria; o que, a visões mais radicais, poderia ter o cheiro de golpe de Estado. Às tentações do golpe de Estado não está imune o Poder Judiciário; é essencial que a elas resista"[272].

Em seu voto vista, o Ministro Ricardo Lewandowski também divergia, trazendo importante esclarecimento de fato que apontava para o efetivo exercício da competência do Senado Federal fixada no art. 52, X:

> O Relator, então, salvo melhor juízo, concluiu que o instituto da suspensão de normas inconstitucionais, pelo Senado, 'assenta-se hoje em razão de índole exclusivamente histórica', o que permitiria cogitar-se de uma mutação constitucional no tocante ao art. 52, X, da Constituição de 1988.
>
> Após bem refletir sobre tal proposição, ouso divergir de Sua Excelência quanto à ocorrência da aludida mutação constitucional, por não entender tratar-se o instituto de mera reminiscência histórica.
>
> É que, primeiro, constato que a Câmara Alta, não tem descuidado do cumprimento dessa relevante competência que os constituintes brasileiros lhe têm atribuído, de forma reiterada, desde o advento da Carta de 1934.
>
> Nesse sentido, assinalo que, entre 7 de fevereiro de 2007 e 16 de junho de 2010, a Comissão de Constituição e Justiça do Senado Federal pautou, para deliberação dos Senadores, nada menos que 53 ofícios encaminhados por esta Corte, solicitando a promulgação de projeto de resolução para suspender a execução de dispositivos declarados inconstitucionais em sede de controle difuso.

---

272 Rcl. 4.335/AC, rel. Min. Gilmar Mendes, p. 91.

> Constatando o mesmo fato, o Min. Joaquim Barbosa, assinalou em seu voto que:
>
> *'(...) mesmo que se aceitasse a tese da mutação, entendo que seriam necessários dois fatores adicionais: o decurso de um espaço de tempo maior, para a constatação dessa mutação, e a consequente e definitiva 'désuetude' do dispositivo. Ora, em relação a este último fator, impede, a meu juízo, esse reconhecimento um dado empírico altamente revelador: pesquisa rápida na base de dados do Senado Federal indica que desde 1998 aquela Alta Casa do Congresso suspendeu a execução de dispositivos de quase **100 normas declaradas inconstitucionais** (sendo **sete em 2006**, Resoluções do SF de nº 10,11,12,13,14,15 e 16; e uma já, neste ano, **em 2007, resolução nº 2**).'* (Grifos do autor)[273]

Outro óbice levantado para a superação do papel do Senado Federal em sua vertente clássica e consequente igualação do controle difuso com o controle concentrado referia-se à total inutilidade que seriam as súmulas vinculantes, já que não haveria mais motivo para a edição delas, eis que a eficácia contra todos e efeito vinculante típico delas já seriam alcançados automaticamente pela decisão do STF no controle difuso. É interessante constatar, nesse sentido, que, durante o demorado transcurso do julgamento, foi aprovada a Súmula Vinculante nº 26 cujo texto assenta que:

> Para efeito de progressão de regime no cumprimento de pena por crime hediondo ou equiparado, o juízo de execução observará a inconstitucionalidade do art. 2º da Lei n. 8.072, de 25 de julho de 1990, sem prejuízo de avaliar se o condenado preenche ou não, os requisitos objetivos e subjetivos do benefício, podendo determinar, para tal fim, de modo fundamentado, a realização de exame criminológico.

Desse modo, o Tribunal entendeu, na linha do voto do Ministro Teori Zavascki, que a súmula vinculante deveria ser aplicada e, como

---

273 Rcl. 4.335/AC, rel. Min. Gilmar Mendes, p. 119/120.

a tese fixada no ato atacado pela Reclamação iria de encontro a tal verbete, a reclamação deveria ser julgada procedente, mesmo que tal súmula fosse posterior ao ato e a causa de pedir da Reclamação sequer mencionasse o descumprimento à súmula vinculante, por evidente impossibilidade temporal.

A solução elencada no voto do Ministro Teori Zavascki parte da premissa de que o STF concedeu eficácia *ultra partes* à decisão proferida no HC 82.959/SP. Para ele, a atuação do Senado Federal é só um dos meios para se conferir efeitos gerais à decisão do STF no controle incidental, não se vedando outras alternativas, dando a entender que, caso o Tribunal assim quisesse, poderia, ele próprio, também conferir esses efeitos gerais. Tal tese, na prática, leva, mais uma vez, à inaplicabilidade do disposto no art. 52, X.

Para sustentar essa tese, o Ministro elenca diversos exemplos de decisões expansivas tomadas pelo STF no bojo de inovações legislativas como a repercussão geral ou a própria súmula vinculante. Além disso, lembra ações que, naturalmente, apresentam eficácia *ultra partes*, como as ações coletivas (mandado de segurança coletivo ou ação civil pública). Ele pretende extrair dessas premissas uma justificativa geral para a admissão da força expansiva das decisões, a ponto de não problematizar uma decisão expansiva fora dos próprios permissivos legais e constitucionais que ele mesmo invocara. Isso fica muito claro a partir do seguinte trecho de seu voto:

> É justamente nessas circunstâncias que foi proferido o acórdão objeto da presente reclamação, no HC 82.959/SP, Min. Marco Aurélio, DJ de 01/09/2006. Nesse julgamento, ao declarar incidentalmente a inconstitucionalidade do § 1º do art. 2º da Lei 8.072/1990 (que trata do regime de progressão prisional em crimes hediondos), o STF modulou os efeitos da decisão, para explicitar, no acórdão, por votação unânime, que ela 'não gerará consequências jurídicas em relação a penas já extintas nesta data'. Aqui, também, portanto, a exemplo do que ocorreu em hipóteses análogas, ao dispor sobre os limites de aplicação do seu

> precedente a outras hipóteses, o Tribunal, inegavelmente, reconheceu e atribuiu imediata eficácia ultra partes à sua decisão.
>
> Ora, ninguém pôs dúvida sobre a legitimidade dessa decisão do STF. Mas, mesmo que dúvida a respeito pudesse haver, isso não poderia ser, a essa altura, colocado como anteparo para o seu fiel cumprimento, com a força ultra partes que a ela foi atribuída.

As circunstâncias referidas no início do trecho transcrito são aquelas mencionadas no parágrafo anterior, referentes às inovações jurídicas que, realmente, admitem a expansividade das decisões do STF. Nenhuma dessas inovações, no entanto, confere efeito expansivo automático a uma única decisão tomada em controle difuso, como, por exemplo, ocorre no julgamento de *habeas corpus*.

A tese abraçada pela Corte, qual seja, a de que o caráter expansivo das decisões do STF em controle difuso não depende exclusivamente da atuação do Senado Federal nos termos do art. 52, X,[274] abre espaço para que novas decisões isoladas proferidas no controle difuso violem o art. 52, X, e tornem a súmula vinculante inútil.

---

[274] A tese fica ainda mais clara na seguinte passagem do voto do Ministro Teori Zavascki: "No meu entender, a ocorrência, ou não, da mutação do sentido e do alcance do dispositivo constitucional em causa (art. 52, X) não é, por si só, fator determinante do não-conhecimento ou da improcedência da reclamação. Realmente, ainda que se reconheça que a resolução do Senado permanece tendo, como teve desde a sua origem, a aptidão para conferir eficácia erga omnes às decisões do STF que, em controle difuso, declaram a inconstitucionalidade de preceitos normativos - tese adotada, com razão, pelos votos divergentes -, isso não significa que tal aptidão expansiva das decisões só ocorra quando e se houver a intervenção do Senado - e, nesse aspecto, têm razão o voto do relator. Por outro lado, ainda que outras decisões do Supremo, além das indicadas no art. 52, X, da Carta Constitucional, tenham força expansiva, isso não significa, por si só, que seu cumprimento possa ser exigido diretamente do Tribunal, por via de reclamação. Essas afirmações merecem mais detalhada explicitação, que agora se fará". Rcl. 4.335/AC, rel. Min. Gilmar Mendes, p. 150.

Afigura-se incorreta a admissão da Reclamação Constitucional sob o fundamento de que ela violou súmula vinculante que sequer existia à época do ajuizamento da ação. O largo transcurso de tempo para o julgamento do caso, como visto no andamento processual acima descrito, mostra seus efeitos perniciosos nos julgamentos, o qual ganhou contornos bem diferentes da demanda originalmente proposta, nos limites da causa de pedir originais.

Veja-se a incongruência: a Defensoria ajuizou a Reclamação apontando descumprimento de decisão proferida em sede de *habeas corpus*. O Tribunal reconhece que houve seu descumprimento, mas, a fim de evitar que todos os *habeas corpus* ou demais ações que veiculassem controle incidental de constitucionalidade que tramitam na Corte pudessem ser objeto de reclamação constitucional quando descumprido o que lá decidido, cria um filtro consistente na eventual existência de súmula vinculante, o que autorizaria o ajuizamento da reclamação. Ocorre que, repita-se, tal súmula vinculante não existia na época do ajuizamento da ação.

Além disso, o fato novo consistente na edição da súmula vinculante não pôde, evidentemente, ser cogitado pelos Ministros que haviam votado e já se retirado da Corte, não se podendo encontrar considerações acerca da correição ou não de tal tese em seus votos, comprometendo de deliberação do Tribunal. A solução mais técnica seria a preconizada pelos Ministros vencidos, no sentido de sequer conhecer a Reclamação, mas conceder *habeas corpus* de ofício.

3. A interpretação como instrumento de mutações constitucionais

O estudo das mutações constitucionais insere-se num tema mais amplo da teoria constitucional, qual seja, a alteração da Constituição em face da sua rigidez. Por rigidez deve-se entender aquele texto constitucional que é dotado de um critério mais dificultoso, em relação às leis infraconstitucionais, para ser alterado. A rigidez constitucional determina a supremacia da Constituição, pois, se há no ordenamento uma norma incapaz de ser alterada por uma norma ordinária, aquela, necessariamente, tem de ser superior a esta.

A ideia em torno das mudanças informais ou difusas contrapõe-se a qualquer processo formal de mudança da Constituição. Entende-se por processo formal de mudança aquele previsto no próprio texto constitucional, que, dependendo da rigidez do mesmo, pode ser mais ou menos solene. A mudança formal da Constituição pode se dar através da reforma[275] ou da revisão constitucional[276].

Levando em conta a complexidade típica para se promover mudanças formais na Constituição, a doutrina aponta que, quanto mais difícil for tal alteração, mais este texto estará sujeito a experimentar as mutações constitucionais.[277] Diz-se isso porque as mutações constitucionais configuram-se como caminhos de oxigenação do texto constitucional, atualizando-o de acordo com a evolução dos valores vivenciados na sociedade sem, no entanto, fazer com que haja qualquer mudança no texto da Constituição[278]. Evidentemente que a essa utilização correta das mutações podem advir deformações,

---

[275] No caso brasileiro, nos termos do art. 60 da Constituição de 1988.

[276] Igualmente, de acordo com o art. 3º do ADCT da Constituição de 1988.

[277] BULOS, Uadi Lammêgo. *Mutação constitucional*. São Paulo: Saraiva, 1997, p. XVIII.

[278] Nesse sentido, faz-se necessária a citação de um dos clássicos estudiosos do tema, Jellinek, para quem a conceituação de reforma e da mutação constitucional foi assim desenvolvida: "Por reforma da Constituição entendo a modificação dos textos constitucionais produzida por ações voluntárias e intencionadas. Por mutação constitucional, entendo a modificação que deixa indene seu texto sem mudá-lo formalmente, produzindo-se por meios que não tem que vir acompanhados de intenção ou consciência de tal mutação". JELLINEK, Georg. *Reforma y mutación dela constitución*. Madrid: Centro de estudios constitucionales, 1991, p. 7. "Por reforma de la Constitución entiendo la modificación de los textos constitucionales producida por acciones voluntarias e intencionadas. Y por mutación de la Constitución, entiendo la modificación que deja indemne su texto sin cambiarlo formalmente que se produce por hechos que no tienen que ir acompañados por la intención, o consciencia, de tal mutación."

caracterizadoras das mutações inconstitucionais. Uma pretensa mutação constitucional tomada a partir de norma que não apresenta textura aberta, a saber, normas não dotadas de vagueza ou ambiguidade linguística, como visto no capítulo I, não passa de verdadeira arbitrariedade judicial.

Quando se constata a possibilidade de se alterar o sentido das expressões constitucionais sem alterar seu texto, de maneira que pouco importa a intenção ou consciência de se efetivar tais mudanças, tem-se um problema constitucional que perpassa, inegavelmente, pela dualidade entre normas e fatos, entre a realidade fática e a normatividade constitucional.

As mutações constitucionais foram percebidas pela doutrina, pela primeira vez, a partir da Constituição alemã de 1871, que sofreu diversas mudanças informais nas suas instituições.[279] O universo das mutações constitucionais descortina uma série de questionamentos, como os referentes à tipologia das mutações, seu modo de ocorrência e a consequente existência das mutações inconstitucionais. Deve-se, primeiramente, fazer um alerta no sentido de que não há um rol taxativo e acabado das modalidades de mutações constitucionais. Os autores, de um modo geral, não são acordes quanto ao ponto, apresentando as mais diversas classificações possíveis. De todo modo, tem-se que, apesar das variadas classificações, há uma convergência em torno da interpretação como modalidade de mutação em todas elas, o que vai ao encontro do presente estudo, que tem por objetivo

---

[279] BULOS, Uadi Lammêgo. Ob. cit., p. 54. O primeiro autor a tratar do tema foi Laband, sucedido pelo já citado Jellinek. Analisando a doutrina de ambos e, em seguida, avançando na busca pela natureza das mutações, tem-se a obra de Hsü Dau-Lin, "Mutación de la Constitución". No Brasil, a primeira obra específica sobre o assunto foi de Anna Candida da Cunha Ferraz, "Processos informais de mudança da constituição", tendo o tema obtido aprofundamentos também por parte de Uadi Lammêgo Bulos, na sua "Mutação constitucional".

analisar, especialmente, a interpretação constitucional como instrumento das mutações.[280]

É possível admitir, no entanto, que a interpretação constitucional pode acarretar mutações inconstitucionais, sendo aquelas mudanças no sentido e alcance das disposições constitucionais que violam o texto da Constituição. Na medida em que violam disposição expressa do texto constitucional, tal mutação não pode subsistir, devendo ser corrigida através do controle de constitucionalidade. Anna Candida da Cunha Ferraz faz as seguintes ponderações sobre o tema:

> Não se pode desconhecer, na prática, que os processos informais de mutação constitucional, podem, facilmente,

---

[280] Uadi Lammêgo Bulos apresenta amplo estudo sobre as modalidades de mutação constitucional, apresentando a tipologia proposta por diversos autores. Arrematando sua pesquisa no ponto, o autor, discorrendo sobre as diversas modalidades de mutação, assenta que: "Desse modo, podem ocasionar mutações constitucionais: a interpretação, a construção judicial, os usos e costumes, as complementações legislativas, as práticas governamentais, legislativas e judiciárias e, até mesmo, a influência de grupos de pressão. Os últimos aí apontados - os grupos de pressão - em certos momentos da vida constitucional dos Estados - influem no processo de mudança informal das constituições. Nas sociedades hodiernas, devido ao fato de refletirem a estrutura econômica, social, política, religiosa, cultural, são retratos fiéis das grandes paixões, provenientes de aspirações coorporativas, que se desdobram em núcleos de configuração e finalidades inconfundíveis: associações, sindicatos, entidades de classe, partidos políticos, grupos artísticos, religiosos, filosóficos, organizações civis, militares, dentre outros. (...) No Brasil, embora não esteja prevista em legislação, é manifesta a atividade dos grupos de pressão, não raro sob o impulso dos partidos políticos, das categorias profissionais, de trabalhadores ou de servidores públicos, das organizações econômicas, privadas e públicas, das instituições de classes liberais, militantes da defesa do meio ambiente, enfim, patrono de diferentes interesses, que agem, fortemente, em favor de teses e reivindicações." Ob. cit., p. 66-68. Anna Candida da Cunha Ferraz, por sua vez, apresenta as mutações por interpretação constitucional (administrativa, legislativa, judicial, autêntica, popular e doutrinária) e por costumes constitucionais. FERRAZ, Ana Candida da Cunha. *Processos informais de mudança da Constituição*. Série Jurídica Max Limonad nº 1, 1ª ed, 1986, p. 19-210.

> desbordando os limites que lhes são impostos, resvalar para mudanças verdadeiramente inconstitucionais que persistem, de fato, diante da inexistência ou ineficácia de um controle de constitucionalidade.
>
> Por outro lado, a experiência constitucional reverá outras modalidades de processos informais, que conduzem também a mudanças não admitidas pela Constituição. A inconstitucionalidade desses processos, nesses casos, decorre principalmente da ideia de que a Constituição nasce para ser aplicada e que qualquer obstáculo que se anteponha à sua efetiva aplicação é incompatível com ela.
>
> Esses dois grupos de processos informais são reunidos sob a denominação comum de mutações inconstitucionais.[281]

Como exemplo de mutação inconstitucional através da interpretação judicial cite-se, justamente, a proposta que se queria levar a cabo por meio da Reclamação Constitucional nº 4.335/AC, estudada anteriormente.

4. A Constituição admite essas decisões expansivas?

As mutações constitucionais, como visto, apresentam-se como importantes mudanças informais no sentido das disposições constitucionais, capazes de atualizar a norma jurídica, sem, no entanto, alterar o texto constitucional. Além dessa utilização, as mutações se mostram eficazes quando se propõem a integrar o texto constitucional que, como qualquer outro, apresenta omissões. Assim, seja por meio da interpretação, dos usos e costumes ou da construção judicial, a mutação tem sua utilidade, quando se propõe a resolver questões atinentes à atualização e integração do texto constitucional. Indubitavelmente, essas são as maiores vantagens das mutações constitucionais.

---

281 FERRAZ, Ana Candida da Cunha. *Processos informais de mudança da Constituição.* Série Jurídica Max Limonad nº 1, 1ª ed., 1986, p. 13.

A par de serem mudanças de sentido iniciadas a partir de situações de fato, as mutações podem, fácil e perigosamente, acabar descambando para o campo da inconstitucionalidade, com visto no tocante às mutações inconstitucionais. A mutação inconstitucional do art. 52, X, apresenta-se sob diversos aspectos. Primeiramente, a mutação proposta simplesmente desconsidera a literalidade do texto, pois "suspender" é bem diferente que "publicar". Seria simplória tal afirmação, se não fosse a necessidade que se tem de reafirmar a obrigação do intérprete com o sentido literal do texto, respeitando os limites semânticos mínimos das regras, como estudado no capítulo I.

A interpretação gramatical, a qual, necessariamente, inicia o processo interpretativo, mostra-se também como limite do ato interpretativo. Os limites da interpretação apresentam-se como problemas muito além da seara jurídica. Ora, é evidente que a tese defendida pelos Ministros Gilmar Mendes e Eros Grau não guarda tal compatibilidade. Ao não se respeitar esse importante limite em torno da literalidade do texto, lembrado por praticamente todos os autores que tratam das mutações constitucionais, a autonomia hermenêutica do texto interpretado restou violada, pois o ato interpretativo introduziu um sentido de maneira sub-reptícia no art. 52, X, ao invés de ter extraído tal sentido dele.

Além disso, se é verdade que o art. 52, X, encontra-se obsoleto, não menos é notório o fato de que o próprio STF vem, sistematicamente, violando o mesmo dispositivo, ao não respeitar a atuação do Senado Federal.[282] Essa postura do STF decorre do caráter obsoleto da norma em questão ou o art. 52, X, tornou-se obsoleto também por causa da atuação do STF? Acredita-se que a segunda provocação

---

282 STRECK, Lenio Luiz; OLIVEIRA, Marcelo Andrade Cattoni; LIMA, Martônio Mont'Alverne Barreto. *A Nova Perspectiva do Supremo Tribunal Federal sobre o Controle Difuso: Mutação constitucional e Limites da Legitimidade da Jurisdição Constitucional*. Disponível em: <www.mundojuridico.adv.br>. Acessado em: 21/03/2010, p. 16.

é a mais correta. De fato, as inovações legislativas em torno da repercussão geral no recurso extraordinário e da súmula vinculante serviram para mitigar a atuação do Senado Federal no controle de constitucionalidade. Tal mitigação afigura-se legítima, à medida que é efetivada pelo próprio Poder Legislativo.

No entanto, o que deveria ter sido uma mitigação passa a ser vista por aqueles Ministros como algo capaz de superar por completo a regra constante no art. 52, X. Tal tese é incorreta, pois, mesmo diante dessas mudanças legislativas, há situações não regulamentadas, incapazes de serem alcançadas através da mera mutação proposta. Veja-se, por exemplo, a seguinte passagem desenvolvida Martônio Mont´Alverne, Lenio Streck e Marcelo Cattoni:

> Lembremos, por exemplo, uma decisão apertada de 6 a 5, ainda não amadurecida. Ora, *uma decisão que não reúne sequer o quorum para fazer uma súmula não pode ser igual a uma súmula* (que tem efeito vinculante – e, aqui, registre-se, falar em 'equiparar' o controle difuso ao controle concentrado nada mais é do que falar *em efeito vinculante).* E súmula não é igual a controle concentrado.[283] (Grifos do autor)

Percebe-se como o advento da súmula vinculante não tem o condão de avalizar a tese sobre a mutação proposta. Nos moldes da citação transcrita, como admitir que uma única decisão proferida no controle difuso, por 6 a 5, seja dotada de eficácia contra todos e efeito vinculante se nem mesmo seria possível aprovar uma súmula vinculante a partir de tais condições? Não é possível chegar a tais conclusões a partir da interpretação constitucional, levando em conta as regras constitucionais vigentes.

Ao se admitir como correta a mutação, apresentar-se-ia uma outra espécie de decisão vinculante, criada exclusivamente pela via

[283] Ob. cit., p. 10.

interpretativa. Assim, além das súmulas vinculantes, cuja criação foi autorizada pelo Poder Legislativo, contando com norma constitucional e Lei regulamentadoras específicas, o mesmo tendo ocorrido com o instituto da repercussão geral, ter-se-ia como vinculantes as decisões proferidas no controle difuso pelo STF, sem qualquer regulamentação que viesse preencher os diversos inconvenientes em torno dessa inovação.

Assim, a par das mudanças legislativas que, de fato, mitigaram a atuação do Senado Federal no controle de constitucionalidade, tem-se a atuação do STF também nesse sentido, contribuindo para a caracterização do art. 52, X, como obsoleto. Ora, se o STF também contribuiu para tal descaracterização do papel do Senado, não pode esta Corte agora, através de mutação constitucional, declarar o referido caráter obsoleto, sob pena de se estar incorrendo num comportamento contraditório.[284]

---

[284] Nesse sentido, partindo da busca pelo respeito à tradição, presente no voto do Ministro Eros Grau e chegando no caráter "obsoleto" do art. 52, X, tem-se que, ainda segundo Martônio Mont'Alverne, Lenio Streck e Marcelo Cattoni: "se o texto 'mutado' é obsoleto - como textualmente diz o Min. Eros Grau - como admitir que o Supremo Tribunal Federal "faça" outro, que confirme a tradição? De que modo se chega a conclusão de que "um texto constitucional é obsoleto"? E de que modo é possível afirmar que, "por ser obsoleto", o Supremo Tribunal Federal pode se substituir ao processo constituinte derivado, único que poderia substituir o texto "obsoleto"? A tradição não residiria exatamente no fato de termos adotado - e ratificado em 1988 - o sistema misto de controle de constitucionalidade? A tradição não estaria inserida na própria exigência de remessa ao Senado, buscando, assim, trazer para o debate - acerca da (in)validade de um texto normativo - o Poder Legislativo, *único que pode tratar do âmbito da vigência*, providência necessária para dar efeito *erga omnes* à decisão que julgou uma causa que não tinha uma tese, mas, sim, uma questão prejudicial?" Ob. cit., p. 25. Esses questionamentos apresentam ainda mais inconvenientes em face da mutação proposta. Esses problemas são típicos quando se tem a atuação de um Poder além dos limites constitucionalmente estabelecidos, sendo justamente isso que ocorre com o STF no ponto em estudo.

Por todo o exposto, a mutação proposta se afigura como uma mutação inconstitucional, diferentemente do que sustenta os Ministros Gilmar Mendes e Eros Grau. O aprimoramento do controle de constitucionalidade, notadamente o difuso, não pode ser levada a cabo, no ponto, pelo STF. Reconhecendo-se que o papel do Senado Federal no controle de constitucionalidade merece ser repensado, tal análise cabe ao próprio Poder Legislativo, por expressa disposição do Constituinte Originário, que utilizou, expressamente o verbo "suspender" e não "publicar", no texto do art. 52, X.

Expressamente, no entanto, o STF afastou a possibilidade da mutação constitucional, limitando-se tal tese aos votos dos Ministros Eros Grau e Gilmar Mendes. Por outro lado, como demonstrado no item anterior, o STF acabou admitindo a superação do art. 52, X, em alguns casos, quando a Corte estipulasse os mencionados efeitos expansivos. Desse modo, a assunção de competência constitucionalmente não prevista e a realocação de poder no STF, através de própria interpretação sua, acabaram sendo admitidas.

Em síntese, as diversas inconstitucionalidades em torno da mutação proposta, são: 1) a violação à autonomia e à literalidade do art. 52, X; 2) a falta de regulamentação sobre diversos pontos importantes (qual a maioria de votos necessária para se conceber a eficácia *erga omnes* e o efeito vinculante nas decisões proferidas no controle incidental; consequências da falta de comunicação do STF ao Senado para que este publique a decisão; consequências da falta de publicação da decisão pelo Senado, uma vez regularmente notificado; eventual prazo para tal publicação; dentre outros); 3) o desrespeito à separação e à harmonia entre os Poderes; 4) a transformação do STF numa espécie de contínuo Poder Constituinte Originário; e 5) a crença de que o Poder Judiciário é o "principal" guardião da Constituição. Tais problemas, portanto, levam a crer que a mudança pretendida só poderia mesmo ser efetivada através de Emenda à Constituição, ou seja, formalmente.

5. O respeito ao papel do Senado no controle de constitucionalidade e a incoerência nos precedentes

Um último ponto não poderia deixar de ser abordado, relaciona-se à incoerência do STF ao conferir o efeito expansivo em certas decisões e não em outras. O que se buscava com essa proposta de mutação era trazer maior racionalidade no sistema de controle de constitucionalidade, privilegiando-se a isonomia, como visto. O tema tratado neste capítulo, como já foi possível perceber, refere-se, novamente, à vontade que os juízes têm de alterar o direito positivo a partir daquelas concepções de julgam moralmente melhores, pouco impostando os limites expressos na regra constitucional. Supreendentemente, o Ministro Luis Roberto Barroso, neste caso, conseguiu vencer essa tentação, reconhecendo que, apesar de ser desejável, não haveria como tomar uma decisão que fosse contra o texto constitucional:

> Eu também não acho boa a solução constitucional de submeter uma decisão do Supremo Tribunal Federal a uma deliberação política do Congresso Nacional. Não acho uma solução feliz. Mas é a que, a meu ver, consta da Constituição. E acho que, diante do impasse que se criou, estabeleceu-se um diálogo institucional entre o Supremo e o Congresso Nacional. E, como todos nós sabemos, o Senado Federal já aprovou uma emenda constitucional, modificando o dispositivo específico, para dar-se, como efeito da condenação em definitiva em processo penal, a perda do mandato, presentes determinados pressupostos. A matéria, pelo que creio, já deve estar na Câmara.
>
> De modo que eu acho que aqui a solução institucionalmente mais legítima é a mesma. Portanto, o Supremo acha que esse modelo deve mudar. Porém, como ele está previsto textualmente na Constituição, e nós não somos poder constituinte originário, nem tampouco derivado, eu acho que se pode doutrinariamente concitar o Congresso Nacional a agir. Porém, penso não ser possível interpretar

> um Texto Constitucional, como nenhum texto, contra a sua literalidade, contra as possibilidades semânticas que ele oferece, porque, se assim fosse, nós nos tornaríamos donos da razão e donos da verdade em todo e qualquer caso, e o constituinte seria irrelevante.
>
> De modo que eu gosto da tese, mas vejo este obstáculo: a mutação do artigo 52, X. Eu acho até que a realidade tem impulsionado no sentido da mutação, mas nós não podemos prescindir da mudança do Texto[285].

Além dos problemas já detectados durante todo o texto, a falta de coerência na utilização das decisões expansivas é mais um indicativo da excepcionalidade da tese, não se conferindo um tratamento sistemáticos aos precedentes, como salientado no capítulo II.

Veja-se este outro caso, relacionado a questão tributária. No RE 595.838, o STF declarou inconstitucional o artigo 22, inciso IV, da Lei nº 8.212/91[286]. Em momento nenhum da ementa ou dos votos

---

[285] Reclamação nº 4.335. Voto do Ministro Luis Roberto Barroso, p. 185-186 do acórdão.

[286] Recurso extraordinário. Tributário. Contribuição Previdenciária. Artigo 22, inciso IV, da Lei nº 8.212/91, com a redação dada pela Lei nº 9.876/99. Sujeição passiva. Empresas tomadoras de serviços. Prestação de serviços de cooperados por meio de cooperativas de Trabalho. Base de cálculo. Valor Bruto da nota fiscal ou fatura. Tributação do faturamento. *Bis in idem*. Nova fonte de custeio. Artigo 195, § 4º, CF.
1. O fato gerador que origina a obrigação de recolher a contribuição previdenciária, na forma do art. 22, inciso IV da Lei nº 8.212/91, na redação da Lei nº 9.876/99, não se origina nas remunerações pagas ou creditadas ao cooperado, mas na relação contratual estabelecida entre a pessoa jurídica da cooperativa e a do contratante de seus serviços.
2. A empresa tomadora dos serviços não opera como fonte somente para fins de retenção. A empresa ou entidade a ela equiparada é o próprio sujeito passivo da relação tributária, logo, típico "contribuinte" da contribuição.
3. Os pagamentos efetuados por terceiros às cooperativas de trabalho, em face de serviços prestados por seus cooperados, não se confundem com os valores efetivamente pagos ou creditados aos cooperados.
4. O art. 22, IV, da Lei nº 8.212/91, com a redação da Lei nº 9.876/99, ao instituir contribuição previdenciária incidente sobre o valor bruto da nota fiscal

dos Ministros há referência a algum caráter expansivo de tal decisão. Muito pelo contrário: o STF, neste caso, seguiu o que determina o art. 52, X da Constituição e oficiou ao Senado Federal para que este, caso assim entendesse, promovesse a suspensão de tal norma.

E foi isso que o Senado fez por meio da Resolução n° 10 de 2016:

> RESOLUÇÃO Nº 10, DE 2016
>
> Suspende, nos termos do art. 52, inciso X, da Constituição Federal, a execução do inciso IV do art. 22 da Lei nº 8.212, de 24 de julho de 1991. O Senado Federal resolve:
>
> Art. 1º É suspensa, nos termos do *art. 52, inciso X, da Constituição Federal*, a execução do *inciso IV do art. 22 da Lei nº 8.212, de 24 de julho de 1991*, declarado inconstitucional por decisão definitiva proferida pelo Supremo Tribunal Federal nos autos do Recurso Extraordinário nº 595.838.
>
> Art. 2º Esta Resolução entra em vigor na data de sua publicação.
>
> Senado Federal, em 30 de março de 2016
> Senador RENAN CALHEIROS
> Presidente do Senado Federal

Por que o STF adotou essa postura? Por que, em alguns casos, confere efeito expansivo e em outros não? São questões muito importantes, para as quais ainda não se tem resposta. Meu objetivo,

---

ou fatura, extrapolou a norma do art. 195, inciso I, "a", da Constituição, descaracterizando a contribuição hipoteticamente incidente sobre os rendimentos do trabalho dos cooperados, tributando o faturamento da cooperativa, com evidente bis in idem. Representa, assim, nova fonte de custeio, a qual somente poderia ser instituída por lei complementar, com base no art. 195, § 4º - com a remissão feita ao art. 154, I, da Constituição.
5. Recurso extraordinário provido para declarar a inconstitucionalidade do inciso IV do art. 22 da Lei nº 8.212/91, com a redação dada pela Lei nº 9.876/99. (Relator Ministro Dias Toffoli)

no momento, é outro: é apontar que o STF apresenta um déficit argumentativo pois sequer justifica quando vai conferir esse efeito. Será que ele somente tem assento na Corte em casos penais, ante a ofensa à liberdade, enquanto o caso mencionado no RE referia-se ao patrimônio? Seria essa a distinção? Não há como saber ao certo, pois, repita-se, o STF não explicita claramente suas razões. E essa falta de coerência no uso dos precedentes é um indicativo, como explorado no capítulo II, acerca das excepcionalidades não justificadas, potencializadas quando se está diante das multicitadas regras de competência.

A incoerência é potencializada com a análise dos próprios votos de cada Ministro, dificultando a interpretação do resultado final da Corte. Retomando a Reclamação nº 4.335, tem-se que votos como o do Ministro Eros Grau, que busca a própria alteração judicial do texto constitucional, ou do Ministro Gilmar Mendes, o qual aponta a superação do papel clássico do Senado em face de mudanças legislativas, aproxima-se de um modelo particularista, chegando ao limite de se sustentar a própria alteração do texto a fim de se alcançar a maximização dos efeitos da decisão da Corte.

O voto do Ministro Barroso, por sua vez, reconhece a impossibilidade de superação judicial do art. 52, X, muito embora faça considerações de ordem substantiva. Tal posição aproxima-se do positivismo presumido: a regra, no final das contas, merece ser aplicada como positivada. No final das contas e interpretando o acórdão como um todo, no entanto, a posição do STF aproximou-se mais do modelo particularista sensível às regras: a partir da argumentação do Ministro Teori Zavascki, este buscara compatibilizar a regra do art. 52, X, com a possibilidade de, em certos casos, o STF atribuir efeito expansivo automático à decisão. Ele levou em conta, assim, a regra, mas atribuiu um peso pequeno a ela, não presumindo sua força: considerações unicamente substantivas ou principiológicas, com todos os vícios apontados no capítulo I, podem guiar ao final a Corte, superando de modo excepcional e não justificado a competência do

Senado. Como seu voto foi influente a ponto de alterar, em parte, a compreensão do Relator, Ministro Gilmar Mendes, tem-se como a posição mais forte e representativa da argumentação final levada a cabo pelo Tribunal.

A postura do STF em abstrativizar ou conferir o efeito expansivo não é a única possibilidade para se evitar resultados absurdos ou não isonômicos, levando em conta casos semelhantes que ainda não chegaram à Corte e aguardam julgamento perante os demais órgãos do Poder Judiciário: há possibilidade de se evitar o resultado absurdo com a edição de súmula vinculante, caso cumpridos os requisitos constitucionais para tanto. Com tal postura, concretiza-se logo o direito com eficácia *erga omnes*, sem superar indevidamente a regra de competência que prevê a atuação do Senado.

Mas essa não é a questão central: o que se defende neste capítulo e durante todo o livro é o respeito que o direito deve ter com a política. Nesse sentido, caso não haja espaço para edição de súmula vinculante, tendo em vista, por exemplo, que o STF ainda não apresente reiteração de julgados sobre o tema, é papel da Corte resignar-se e aguardar a manifestação do Senado. Deve-se vencer a tentação de acusar o STF de omissão em situações desse tipo, especialmente quando está em jogo direitos fundamentais dos presos, pois o Senado pode muito bem ser sensível ao caso e, efetivamente, suspender a execução da lei ou ano normativo.

Caso assim não haja, o ônus de tal postura vai recair sobre o Senado e não sobre o STF. O que se busca com tal defesa, assim, é a manutenção do espaço da política mesmo no bojo do controle judicial de constitucionalidade: por que não se pode imaginar uma atuação responsável do Senado a partir do art. 52, X? A presunção em torno de uma pretensa atuação irresponsável de tal órgão reflete muitas das questões acerca da indignidade da legislação já enfrentadas no capítulo IV.

Deve-se, ao contrário, presumir a boa-fé e respeitabilidade de uma instituição formada a partir da soberania popular. Com a manutenção do poder do Senado no bojo do controle de constitucionalidade tem-se mais uma instância capaz de exercer, nos limites de sua atuação, a garantia da Constituição. Caso tome decisão equivocada, deve ser politicamente responsável por isso, arcando com as consequências de seus atos. De certo modo, os políticos são mais responsabilizáveis que os juízes: uma decisão equivocada do STF se mantém no tempo até que o precedente seja alterado. O exercício equivocado do poder previsto no art. 52, X, numa extensão que, verdadeiramente, fira os interesses da sociedade, pode acarretar a não eleição de Senadores, quando do término do respectivo mandato.

Conclusão

Uma regra de competência constitucionalmente prevista pode ser excepcionada por meio de interpretação judicial que transfira poder do Executivo e Legislativo para o Judiciário? Esta foi a questão principal posta na introdução e, após todo o desenvolvimento efetivado, sustenta-se que a atuação judicial que proceda de tal modo realoca poder indevidamente no Judiciário. A hipótese que se buscou provar foi: as situações ditas como judicialmente excepcionais não passam de artifício retórico para se alcançar maior concentração de poder no âmbito do Judiciário. Diante dos casos estudados e dos argumentos utilizados para superar precedentes firmados com base nas regras de competência, pode-se concluir que, de fato, por diversas vezes o Judiciário utiliza-se de retórica não convincente, com a mera finalidade de concentração de poder. Esta conclusão, assim, retomará todas as questões postas na introdução para justificar a resposta e acima e a respectiva comprovação da hipótese lançada.

Nesse sentido, devem ser respondidas as questões postas na introdução desta obra, já desenvolvidas, obviamente, nos capítulos anteriores.

No capítulo I, a inconstitucionalidade foi analisada a partir da caracterização das regras e da criação judicial de exceções que visem a sua superação. A questão central do capítulo foi: como elas podem ser superadas no bojo do controle judicial de constitucionalidade?

Nesse sentido, a hipótese objeto de análise sustentou que haverá uma exceção judicialmente não justificada quando: a) o julgador entende que um princípio constitucional é mais importante que uma regra igualmente constitucional, fazendo com que a regra não ofereça nenhum tipo de resistência ao julgador, não afastando suas considerações morais; b) quando o juiz inicia incursões exclusivamente particularistas em torno da justificação ou propósitos subjacentes à regra, através da função interpretativa dos princípios, não levando em conta todas as possíveis normas aplicáveis ao caso, mesmo que colidentes, mas somente argumentando com base naqueles que convém à escolha previamente tida como moralmente melhor; e c) quando a superação da regra possa gerar insegurança jurídica a partir de tal precedente, diante da possibilidade real e comprovada de criação de outras exceções de modo generalizado, a partir da análise do modelo proposto por Humberto Ávila[287].

Dentre as diversas funções das regras, o capítulo abordou o caráter: a) da clareza, previsibilidade e eficiência, como consectários da segurança jurídica; b) da pressão que ela exerce ao buscar bloquear as concepções morais do julgador; c) de "trincheira", sendo difícil sua superação; d) da alocação de poder, prevenindo a formação de soberanos; e) da modéstia que ela demanda aos aplicadores, como o juiz, propiciando a autocontenção ao realçar o caráter cooperativo entre as funções estatais, a qual aponta que o juiz não é o único nem, necessariamente, o melhor agente decisor. Os riscos da concentração de poder, assim, retomando a parte final da introdução, são constatáveis a partir da desvalorização das funções das regras acima elencadas.

---

[287] ÁVILA, Humberto. *Teoria dos princípios – da definição à aplicação dos princípios jurídicos*. 15ª ed. São Paulo: Malheiros, 2014, p. 141-142.

No capítulo II, indagou-se: como um precedente baseado em regra de competência pode ser superado? Analisou-se como o *overruling* que supera precedente sem qualquer alteração jurídica proveniente do legislador no bojo das regras de competência constitucionais apresenta déficits argumentativos.

Diante de toda a explanação efetivada neste capítulo, pode-se concluir, em resposta à referida indagação, que um precedente que aplique regra de competência constitucional somente deveria ser modificado caso fossem efetivadas alterações jurídicas nas normas de competência, com a aprovação de emendas constitucionais respectivas. Não há espaço para leituras morais no bojo de interpretação de regras que não veiculem princípios de moralidade. Logo, uma decisão judicial que respeite a regra pode ser considerada correta, merecendo ter força gravitacional capaz de vincular novos casos, tornando a observância e não a superação do precedente como algo correto. Assim, considerações em torno de questões como idade do precedente ou mudanças valorativas, econômicas, sociais ou políticas, no seio da sociedade, deveriam ser irrelevantes para o *overruling* de precedentes desse tipo, ante a possibilidade de concentração de poder e usurpação de competência.

Se um precedente encontra-se fundamentado constitucionalmente, quando, nos limites defendidos nesta pesquisa, é baseado numa regra de competência presumivelmente forte a ponto de afastar o particularismo das decisões baseadas unicamente na justificativa subjacente a ela, tem-se um forte argumento para sua manutenção. Eis a relevância da coerência no bojo dos precedentes: manter decisões corretamente tomadas, vencendo-se a tentação pela realocação de poder a partir da tomada de decisões particularistas.

No contexto do ganho hermenêutico a partir dos precedentes, sustentou-se que este somente ocorre nas hipóteses de incerteza às quais o Poder Judiciário é chamado a decidir. Nos casos retratados neste livro ocorrera precisamente o inverso: com a superação dos precedentes estudados, deu-se um empobrecimento no ordenamento jurídico, pois os casos estavam assentados em regras sem textura aberta. Nesses casos, os precedentes que aplicavam pura e simplesmente a regra não inovavam em sentido ante a completa desnecessidade: o constituinte já havia se preocupado em assentar uma questão, ele próprio enriquecendo o sistema jurídico. Ora, quando o trabalho do constituinte é desfeito através de decisão judicial que promove um *overruling* contra a regra constitucional, está-se retirando precisamente o sentido posto pelo constituinte originário. Não pode haver um enriquecimento, assim, nesses casos.

No capítulo III, analisou-se o *status* dos tratados de direitos humanos no sistema jurídico brasileiro. A questão posta foi: A Constituição admite, automaticamente, o *status* supralegal deles, conforme decidido pelo STF no bojo do RE 466.343[288]? Foi conferido especial destaque aos argumentos utilizados pela Corte para superar precedentes anteriores, concluindo-se que: a) a doutrina e legislação estrangeiras foram utilizadas indevidamente, eis que no sistema jurídico brasileiro não há uma regra expressa atribuindo *status* supralegal a tais tratados, como ocorre, por exemplo, na Alemanha; b) os princípios constitucionais (arts. 4º, 5º, §§ 2º, 3º e 4º da Constituição Federal de 1988) foram colocados numa posição de superioridade em face de regras que apontavam com muito mais clareza para o *status* legal de tais tratados (47, 49, I, 59, VI, e 84, VIII, e 102, III, "b"). Logo, a decisão padece do vício objeto de análise nesta pesquisa: criou exceção judicial a partir da colocação dos princípios em posição superior às regras, sendo que ambos tinham assento constitucional.

No capítulo IV, investigou-se o limite do controle de constitucionalidade judicial preventivo. A questão posta foi: a Constituição admite que o Poder Judiciário exerça controle de constitucionalidade

---

[288] Relator Ministro César Peluso. DJE 05/06/2009.

preventivo, especificamente sobre os projetos de lei? A decisão mais recente sobre o tema, constante no MS 32.033/2013[289] foi estudada, concluindo-se que: a) a intromissão prematura do Judiciário no bojo do processo legislativo dos projetos de lei retira a responsabilidade política dos Parlamentares e do Presidente da República em lutar pela correção ou rejeição do projeto inconstitucional ou pelo veto, respectivamente; e b) a incoerência interna da própria decisão, a qual, apesar do inegável avanço em torno da vedação do controle preventivo material, continua admitindo tal forma de controle em face de inconstitucionalidades formais. A exceção posta, admitindo excepcionalmente o controle judicial preventivo sobre projeto de lei, assim, não se encontra justificada: a Corte não levou a sério a possibilidade de superação política da inconstitucionalidade formal, não reconhecendo que as regras constitucionais acerca do veto ou mesmo do poder de emenda e rejeição do projeto de lei também seriam ferramentas úteis para a superação dos vícios formais no processo legislativo. Assim, desconsiderou normas, no caso, regras, que justificariam a interpretação literal do dispositivo, admitindo a controle preventivo somente em face dos projetos de emenda constitucionais.

Finalmente, o capítulo V analisou a ainda atual questão em torno do papel do Senado Federal no bojo do controle difuso exercido pelo STF. Perquiriu-se: as decisões expansivas tomadas pela Corte respeitam a competência constitucional do Senado elencada no art. 52, X? O estudo partiu da decisão tomada na Reclamação nº 4.335[290], a qual admitiu que, quando a Corte assim entendesse, poderia conferir efeitos *erga omnes* à decisão de modo automático, mesmo diante de processo inicialmente subjetivo. Conclui-se que: a) as diversas alterações legislativas em torno, por exemplo, da súmula vinculante ou da repercussão geral no recurso extraordinário, de fato, redimensionam o papel do Senado na função de suspensão da lei, mas não a

---

[289] Relator Ministro Teori Zavascki. DJE 20/06/2013.

[290] Relator Ministro Gilmar Ferreira Mendes. Mendes. DJE 22/10/2014.

torna totalmente superada; b) a incoerência da Corte na atribuição de tal efeito expansivo, faltando clareza acerca das situações em que ele estará presente; e c) a Corte, em certos casos, poderia utilizar da súmula vinculante para alcançar o mesmo objetivo e, ao não cogitar da aplicação de outra regra constitucional que poderia incidir no caso, acaba criando uma exceção não justificada.

Em tal capítulo, ainda, demonstrou-se que a utilidade em torno da análise de cada voto somente mostra-se relevante para ressaltar a falta de rigor argumentativo da Corte, ante a pluralidade de argumentos. Essa abordagem ganha ainda mais força quando é possível apontar as incoerências internas do julgado, como exposto: mesmo com a admissão do papel clássico do Senado, a Corte admite que, em casos futuros e quando bem entender, possa conferir efeito expansivo às suas decisões.

Todos os casos, assim, falham no teste proposto, elencado a partir das premissas do positivismo presumido: a) há suposição de que princípios constitucionais são mais importantes que regras igualmente constitucionais; b) outras normas constitucionais que apontariam para a interpretação literal da regra de competência não são levadas em conta na argumentação judicial; e c) há insegurança jurídica em todos os casos, pois eles promovem não meramente uma correção de resultados tidos como absurdos, mas realocam judicialmente poder, não havendo estabilidade ou previsibilidade possível quando o Judiciário age como soberano.

Essa postura não deixa dúvidas: no final das contas, o modelo particularista merece todas as críticas efetivadas nesta obra, relembrando-se a advertência do Ministro Sepúlveda Pertence posta na epígrafe desta obra: "Às tentações do golpe de Estado não está imune o Poder Judiciário; é essencial que a elas resista".

Referências

AGAMBEN, Giorgio. *Estado de exceção*. Tradução de Iraci D. Poleti. 2ª ed. São Paulo: Boitempo, 2004. Kindle edition. Posição 199 de 2202.

ALEXANDER, Larry; SHERWIN, Emily. *The rule of rules*. Durham, London: Duke University Press, 2001.

ALEXY, Robert. *Teoria dos direitos fundamentais*. Tradução de Virgílio Afonso da Silva. São Paulo: Malheiros, 2008.

ÁVILA, Humberto. *"Neoconstitucionalismo": entre a "ciência do Direito" e o "Direito da ciência"*. Salvador: REDE – Revista eletrônica de Direito do Estado, número 17, 2009.

ÁVILA, Humberto. *Teoria dos princípios – da definição à aplicação dos princípios jurídicos*. 15ª ed. São Paulo: Malheiros. 2014.

BARRETO LIMA, Martônio Mont´Alverne. Justiça constitucional e democracia: perspectivas para o papel do Poder Judiciário. In: *Revista da Procuradoria Geral da República*, nº 8 – jan./jun. Editora Revista dos Tribunais, 1996.

BARRETO LIMA, Martônio Mont´Alverne; BERCOVICI, Gilberto. *Separação de poderes e a constitucionalidade da PEC nº 33/2011*. In: *Pensar, Fortaleza*, v. 18, p. 785-801, set./dez. 2013.

BERCOVICI, Gilberto. *Soberania e Constituição: para uma crítica do constitucionalismo*. 2ª ed. São Paulo: Quartier Latin, 2013.

BITTENCOURT, Lúcio. *O controle jurisdicional da constitucionalidade das leis*. Brasília: Ministério da Justiça, 1997, p. 145.

BROSSARD, Paulo. *O Senado e as leis inconstitucionais*. Revista de informação legislativa, v. 13, nº 50, abr./jun. 1976, p. 62.

BULOS, Uadi Lammêgo. *Mutação constitucional*. São Paulo: Saraiva, 1997.

BURTON, J. Steven. *The conflict between stare decisis and overruling in constitutional adjudication*. Cardozo law review. Vol. 35:1687, 2014.

BUSTAMANTE, Thomas. *Teoria do precedente judicial. A justificação e a aplicação de regras jurisprudenciais*. Noeses: São Paulo, 2012.

BUSTAMANTE, Thomas. *O precedente judicial aos olhos do positivismo jurídico excludente*. In: TORRANO, Bruno; OMNATI, José Emílio Medauar (Coords.) *O positivismo jurídico no século XXI*. Coleção teoria crítica do Direito. Rio de Janeiro: Lumen Juris, 2018, p. 393-394.

CANOTILHO, J.J. Gomes. *Direito constitucional e teoria da constituição. 7ª* ed. Coimbra: Editora Almedina, 2003.

CAMPBELL, Tom D. *The legal theory of ethical positivism*. New York: Routledge, 2016. Kindle edition.

CAMPOS, Juliana Cristine Diniz. *O povo é inconstitucional. Poder constituinte e democracia deliberativa*. Rio de Janeiro: Lumen Juris, 2016.

CHALMERS, A. F. O que é ciência afinal? Editora Brasiliense, 1993.

CLÈVE, Clèrmerson Merlin. *A fiscalização abstrata da constitucionalidade no direito brasileiro*. 2ª ed. São Paulo: Editora Revista dos Tribunais, 2000.

DIMOULIS, Dimitri. *Positivismo jurídico. Introdução a uma teoria do Direito e defesa do pragmatismo jurídico-político*. São Paulo: Método, 2006.

DIMOULIS, Dimitri. *Manual de Introdução ao Estudo do Direito*. 6ª ed. São Paulo: Editora Revista dos Tribunais, 2014.

DIMOULIS, Dimitri; MARTINS, Leonardo. *Teoria Geral dos Direitos Fundamentais*. 5ª ed. São Paulo: Atlas, 2014.

DIMOULIS, Dimitri; LUNARDI, Soraya. *Curso de processo constitucional – controle de constitucionalidade e remédios constitucionais*. São Paulo: Atlas, 2014.

DWORKIN, Ronald. *Levando os direitos a sério*. Tradução de Nelson Boeira. São Paulo: Martins Fontes, 2002, p. 164-166.

DWORKIN, Ronald. *O império do Direito*. Tradução de Jefferson Luiz Camargo. São Paulo: Martins Fontes.

DWORKIN, Ronald. *O direito da liberdade. A leitura moral da Constituição norte-americana*. Tradução de Marcelo Brandão Cipolla. São Paulo: Martins Fontes, 2006.

DWORKIN, Ronald. *A justiça de toga*. Tradução de Jefferson Luiz Camargo. São Paulo: Martins Fontes, 2010.

FERRAZ, Ana Candida da Cunha. *Processos informais de mudança da Constituição.* Série Jurídica Max Limonad nº 1. 1ª ed., 1986.

GRIMM, Dieter. *Constituição e Política*. Tradução de Geraldo de Carvalho. Belo Horizonte: Del Rey, 2006.

HART, H. L. A. *O conceito de Direito*. Tradução de Antônio de Oliveira Sette-Câmara. São Paulo: Martins Fontes, 2012.

HART, H. L. A. *O positivismo e a separação entre o Direito e a moral*. In: *Ensaios sobre a teoria do Direito e filosofia*. Tradução de Garcez Girardi. Rio de Janeiro: Elsevier, 2010.

INNERARITY, Daniel. *A política em tempos de indignação – a frustração popular e os riscos para a democracia*. Tradução de João Pedro George. Rio de Janeiro: LeYa, 2017.

JELLINEK, Georg. *Reforma y mutación dela constitución*. Madrid: Centro de estudios constitucionales, 1991.

KELSEN, Hans. *Teoria pura do direito*. Tradução de João Baptista Machado. São Paulo: Martins Fontes, 2006, p. 387-395.

LEITE, Fábio Carvalho. *O papel do Advogado-Geral da União no controle abstrato de constitucionalidade: curador da lei, advogado público ou parecerista?* In: *Revista do Curso de Mestrado em Direito da UFC*. 2010/2.

LLEWELLYN, Karl. *The common law tradition – deciding appeals*. Little, Brown and Company: Boston-Toronto, 1960.

LOPES FILHO, Juraci Mourão. *Os precedentes judiciais no constitucionalismo brasileiro contemporâneo.* 2ª ed. Salvador: Jus Poddivm, 2016.

LYONS, David. *Principles, positivism, and legal theory*. In: *Yale Law Journal*, vol. 87, nº 2, 1977.

MACCORMICK, Neil. *Argumentação jurídica e teoria do direito*. Tradução de Waldéa Barcellos. São Paulo: Martins Fontes, 2009.

MARMOR, Andrei. *Exclusive legal positivism*. In: COLEMAN, Jules; SHAPIRO, Scott (orgs.). *The Oxford Handbook of jurisprudence and philosophy of law*. Oxford University Press: Oxaford, 2002.

MARQUES NETO, Agostinho Ramalho. *A ciência do direito. Conceito, objeto, método*. 2ª ed. Rio de Janeiro, São Paulo: Renovar, 2001.

MAUS, Ingeborg. *Judiciário como superego da sociedade – o papel da atividade jurisprudencial na 'sociedade órfã'*. Tradução de Martônio Lima e Paulo Albuquerque. Novos estudos nº 58, novembro de 2000.

MAZZUOLI, Valerio de Oliveira. *O controle jurisdicional da convencionalidade das leis*. 2ª ed. São Paulo: Revista dos Tribunais, 2011.

MENDES, Gilmar Ferreira. *O papel do Senado Federal no controle de constitucionalidade: um caso clássico de mutação constitucional. Revista de Informação Legislativa*. Brasília a. 41 n. 162 abr./jun. 2004.

MIRANDA, Jorge. *Manual de direito constitucional*. Tomo II. 2ª edição. Coimbra Editora, Limitada, 1988.

MÜLLER, Friedrich. *Metodologia do direito constitucional*. Tradução de Peter Naumann. 4ª ed. São Paulo: Revista dos Tribunais, 2010. P, 54-57.

NEVES, Marcelo. *Entre hidra e Hércules. Princípios e regras constitucionais*. São Paulo: Martins Fontes, 2013, p. 117.

NINO, Carlos Santiago. *Introdução à análise do Direito*. Tradução de Elza Maria Gasparotto. São Paulo: Martins Fontes, 2015.

OLIVEIRA, Rafael Tomaz de; FARIA, Bruno Costa de; CURTOLO, Cristiane Maria de Lima; TEODORO, Leandro; VELUDO, Michele Seixas; PEREIRA, Joaquim Eduardo. *A jurisdição constitucional entre a judicialização e o ativismo: percursos para uma necessária diferenciação*. In: *Simpósio Nacional de Direito Constitucional*, 10, 2012, Curitiba. Anais do X Simpósio Nacional de Direito Constitucional. Brasil: Academia Brasileira de Direito Constitucional (ADBConst), 2012, v. 01.

PIOVESAN, Flávia. *Direitos Humanos e o Direito Constitucional Internacional*. 14ª ed., rev. e atual. São Paulo: Saraiva, 2013.

RAZ, Joseph. *Legal principles and limits of law*. The Yale Law Journal, vol. 81, n. 05, 1972.

RAZ, Joseph. *Razão prática e normas*. Tradução: José Garcez Ghirardi. Rio de Janeiro: Elsevier, 2010.

RAZ, Joseph. *Ethics in the public domain. Essays in the morality of law and politics*. Oxford: Clarendon Press, 1996.

REALE, Miguel. *Teoria tridimensional do direito*. 5ª ed. São Paulo: Saraiva, 2014, p. 57.

REIS, Ulisses Levy Silvério; FERREIRA, Emanuel de Melo. *Há lugar para a hierarquia supralegal dos tratados de direitos humanos na Constituição Federal de 1988?: notas sobre a interpretação do Supremo Tribunal Federal no Recurso Extraordinário n. 466.343/SP*. In: *Revista de Direitos Humanos em Perspectiva*, v. 4, p. 45, 2019.

SERRANO, Pedro Estevam Alves Pinto. *Autoritarismo e golpes na América Latina. Breve ensaio sobre jurisdição e exceção*. São Paulo: Alameda, 2016. Kindle edition. Posição 1676.

SCHAUER, Frederick. *Formalism*. The Yale Law Journal. Vol. 97, Nº, 4. Mar. 1988.

SCHAUER, Frederick. *Exceptions*. The university of Chicago law review. Vol. 58, Nº 2, 1991B.

SCHAUER, Frederick. *Playing by the rules. A philosophical examination of rule-based decision-making in law and in life*. Claredon Press, Oxford, 1991. Kindle edition.

SCHAUER, Frederick. *Rules and the rule of law*. 14. Harv. J.L. Pub. Pol´y645 (1991C).

SCHAUER, Frederick. *Thinking like a lawyer*. Cambridge: Harvard University Press, 2009. Kindle edition.

SCHAUER, Frederick. *Easy cases*. 58 S. Cal. L. Rev. 399 (1985), p. 406; 416.

SCHMITT, Carl. Teologia política. In: *A crise da democracia parlamentar*. Tradução de Inês Lohbauer. São Paulo: Scritta, 1996.

SCHMITT, Carl. *La dictadura*. Tradução: José Díaz García. Madri: Alianza Editorial, 2013.

SILVA, Virgílio Afonso. *Direitos fundamentais – conteúdo essencial, restrições e eficácia*. 2ª ed. São Paulo: Malheiros, 2014.

STRECK, Lenio Luiz; OLIVEIRA, Marcelo Andrade Cattoni; LIMA, Martonio Mont´Alverne Barreto. *A Nova Perspectiva do Supremo Tribunal Federal sobre o Controle Difuso: Mutação constitucional e Limites da Legitimidade da Jurisdição Constitucional.* Disponível em: <www.mundojuridico.adv.br>. Acessado em: 21 de março de 2010.

STRECK, Lenio Luiz; ABBOUD, George. *O que é isto – o precedente judicial e as súmulas vinculantes.* 2ª ed. Porto Alegre: Livraria do Advogado, 2014.

STRECK, Lenio Luiz. O que é isto – a exigência de coerência e integridade no novo Código de Processo Civil? In: STRECK, Lenio Luiz; ALVIM, Eduardo Arruda; LEITE, George Salomão (orgs.). *Hermenêutica e jurisprudência no novo Código de Processo Civil. Coerência e integridade.* São Paulo: Saraiva, 2016.

STRUCHINER, Noel. *Os positivismos de Frederick Schauer.* In: TORRANO, Bruno; OMNATI, José Emílio Medauar (Coord.). *O positivismo jurídico no século XXI.* Rio de Janeiro: Lumen Juris, 2018.

TABOSA, Agerson. *Sociologia geral e jurídica.* Fortaleza: Qualygraf Editora e Gráfica, 2005.

TORRANO, Bruno. *Democracia e respeito à lei. Entre positivismo jurídico e pós-positivismo.* Rio de Janeiro: Lumen Juris, 2015, p. 15.

TORRANO, Bruno. *O ministro Barroso e a execução provisória da pena criminal.* Disponível em: <https://www.academia.edu/34231813/O_MINISTRO_BARROSO_E_A_EXECU%C3%87%C3%83O_PROVIS%C3%93RIA_DA_PENA>. Acessado em: 27/04/2018.

WALDRON, Jeremy. *Normative (or ethical) positivism.* In: *Hart´s postscript. Essays on the postscript to the concept of Law.* Oxford: Oxford University Press, 2005.

WALDRON, Jeremy. *A dignidade da legislação.* Tradução de Luís Carlos Borges. São Paulo: Martins Fontes, 2003.

WALDRON, Jeremy. *Law and disagreement.* Oxford: Oxford University Press, 1999.

WALDRON, Jeremy. *A essência da oposição ao judicial review.* In: BIGONHA, Antônio Carlos Alpino; MOREIRA, Luiz (orgs.). *Legitimidade da jurisdição constitucional.* Rio de Janeiro: Lumen Juris Editora.